Günter Ewald

Auf den Spuren der Nahtoderfahrungen

Hanna
und unseren Kindern
Daniel, Sarah, Anna, Esther-Sophie†, David

Günter Ewald

Auf den Spuren der Nahtoderfahrungen

Gibt es eine unsterbliche Seele?

Butzon & Bercker

„Orientierung durch Diskurs"

Die Sachbuchsparte bei Butzon & Bercker, in der dieser Band erscheint, wird beratend begleitet von Tobias Licht, Susanne Sandherr, Johannes Bernhard Uphus und Marc Witzenbacher.

Bibliografische Information der Deutschen Nationalbibliothek

Die Deutsche Nationalbibliothek verzeichnet diese Publikation in der Deutschen Nationalbibliografie; detaillierte bibliografische Daten sind im Internet über http://dnb.d-nb.de abrufbar.

Das Gesamtprogramm von Butzon & Bercker finden Sie im Internet unter www.bube.de

ISBN 978-3-7666-1544-2
E-BOOK ISBN 978-3-7666-4149-6
EPUB ISBN 978-3-7666-4150-2

3., korrigierte Auflage 2012

© 2011 Butzon & Bercker GmbH, 47623 Kevelaer, Deutschland,
www.bube.de
www.religioeses-sachbuch.de
Alle Rechte vorbehalten.
Umschlagbild: Hieronymus Bosch (um 1450–1516) „Der Aufstieg in das himmlische Paradies" (Ausschnitt), Venedig, Museum des Palazzo Grimani. Mit freundlicher Genehmigung des Ministeriums für Kulturgüter und kulturelle Tätigkeiten.
Umschlaggestaltung: Christoph Kemkes, Geldern
Satz: Schröder Media GbR, Dernbach
Printed in Germany

Inhalt

Einleitung 7

I. Phänomene 11

1. Die Van-Lommel-Studie über
   Wiederbelebungen 11
2. Die Geschichte mit dem künstlichen Gebiss 16
3. Damals in der DDR –
   Beispiel einer Nahtoderfahrung 18
4. Sind Nahtoderlebnisse neurobiologisch
   deutbar? 26
5. Dokumentation weiterer Nahtoderfahrungen 28
6. Nahtoderlebnisse von Kindern 79
7. Nachtodbegegnungen 85
8. Psi-Phänomene 98

II. Quantenphysik und Bewusstsein 101

1. Materie, Licht und die Quantenwelt 101
2. Schafft Bewusstsein das Sein? 105
3. Verschränkung und Nichtlokalität 108
4. Sonnenbrillen für polarisiertes Licht 111
5. Nachweis der „spukhaften Fernwirkung" 115
6. Was steckt dahinter? 120

III. Seele und Nahtoderlebnisse 123
1. Diesseits und Jenseits 123
2. Hirnbiologie und Quantenphysik 126
3. Bewusstsein und Seele 130
4. Verschränkung bei Psi-Vorgängen 134
5. Van Lommels „endloses Bewusstsein" 137
6. Ein zukunftsweisender Dialog 143
7. Nahtoderlebnisse, Seele und Religion 149
8. Die Niemz'sche Seelenflugtheorie 152
9. Unsterbliche Seele und christlicher
   Auferstehungsglaube 156

Literatur 163

Anmerkungen 165

Danksagung und Hinweis 167

Namen- und Sachregister 169

Einleitung

„Und es gibt doch eine unsterbliche Seele!" So könnte man im Boulevardstil eine These formulieren, der wir auf seriösem Weg mit wissenschaftlichem Rüstzeug nachspüren möchten. In einer „aufgeklärten" Welt, in der sogar viele Theologen den alten Begriff als nicht mehr unserem Denken zumutbar erachten, melden sich ausgerechnet Mediziner und Naturwissenschaftler – denen man entgegenzukommen glaubte – zu Wort und reden von einem Bewusstsein, das sich vom Körper zu lösen vermag, oder in traditioneller Sprache von der unsterblichen Seele. Gibt es sie wirklich, und was können wir über sie sagen? Fliegt sie im Tod dem Körper davon wie ein Vogel und wird sie dabei auf Lichtgeschwindigkeit beschleunigt, wie der Heidelberger Professor für Medizintechnik, Markolf Niemz, meint? So einfach ist es wohl nicht. Aber etwas Neues liegt in der Luft. Ein neues Verstehen von Mensch und Welt – lange vorbereitet durch die Quantenphysik – scheint nun endlich um sich zu greifen.

Einer der Anlässe und Grundlage für die neue Betrachtungsweise sind sogenannte Nahtoderfahrungen. Seit Raimond Moody 1975 in seinem Weltbestseller *Leben nach dem Tod* diesen Begriff geprägt hat, befasste sich zwar eine Anzahl Forscher damit. Es gab viele Einzelergebnisse. Aber der „Mainstream" der naturalistisch geprägten biologischen und medizinischen Wissenschaften konnte damit nicht umgelenkt werden.[1] Das scheint sich nun zu ändern. Ein Markstein ist die Veröffentlichung einer Studie des niederländischen Kardiologen van Lommel in der angesehenen Medizinzeitschrift *The Lancet* im Jahr 2001. Anhand zahlreicher Aussagen von wiederbelebten Patienten über Erlebnisse bei Herzstillstand und deren Überprüfung wird wissenschaftlich plausibel, dass es Bewusstseinsvorgänge gibt, die nicht hirnbiologisch zustande kommen. Das ist ein Tabubruch mit unabsehbaren Konsequenzen.

Van Lommel hat diese Konsequenzen innerhalb des Rahmens verfolgt, in dem sie zu suchen sind: innerhalb eines durch die sogenannte Quantenphysik veränderten Welt- und Menschenbildes. Sein 2009 in Deutsch erschienenes Buch *Endloses Bewusstsein. Neue medizinische Fakten zur Nahtoderfahrung* ist ein erster umfassender Entwurf – mit Haken und Ösen im quantentheoretischen Teil. Wir wollen mit einfachen Worten einige Grundüberlegungen darstellen und alternativ weiterführen. – Für diejenigen, die sich nicht mit einer oberflächlichen Rede von der quantenphysikalisch erweiterten Wirklichkeit zufriedengeben möchten, bohren wir – mit anschaulichen Hilfsmitteln – etwas tiefer (es kann überlesen werden). Ferner stellen wir eine Beziehung her zu dem aufschlussreichen Dialog, den Mitte des vorigen Jahrhunderts der Physiker und Nobelpreisträger Wolfgang Pauli mit dem analytischen Psychologen Carl Gustav Jung geführt hat.

Wir belassen es aber nicht bei wissenschaftlichen Überlegungen. Die praktische Relevanz von Nahtoderfahrungen für diejenigen, die sie erleben, und für die, auf die sie ausstrahlen, ist außerordentlich. Sie birgt einen Schatz erneuerter und in spirituelle Weiten geöffneter Lebensauffassung, der nur langsam vom „Mainstream" der Menschen mit mäßigem religiösen Interesse entdeckt wird. Wegen seiner „Natürlichkeit" erweckt er sogar Misstrauen bei manchen Menschen, die weltanschaulich festgelegt sind. Hier sind viele konkrete Stimmen hilfreich, denen wir in einer Dokumentation von 25 neuen, original deutschsprachigen, mir zugesandten Erfahrungsberichten Raum geben. Von ausgesprochen pädagogischer Relevanz ist die Beobachtung, dass viele Kinder Nahtoderfahrungen haben und in Bedrängnis geraten, weil sie kein Verständnis finden für das, was sie darüber erzählen. Wir widmen dem ein eigenes Kapitel, ebenso wie dem Nachbargebiet der Begegnung mit Verstorbenen.

Praxis und theoretische Fundierung gehören letztlich wieder zusammen. Sie sind auch in unserem täglichen Leben nicht mehr voneinander zu trennen, schon gar nicht in unserer „wissenschaftsgläubigen" Welt. Denken durchdringt das Erleben, ist oft Voraussetzung, wenn man nicht leichtgläubig diversen Angeboten der Daseinsgestaltung folgen will. Das betrifft auch den religiösen Bereich. Wissenschaft dient aber nicht nur der kritischen Prüfung. Sie kann, wie wir am Beispiel der unsterblichen Seele zeigen möchten, auch neue Wege aufzeigen, uns ermutigen, in Neuland vorzudringen. Glaube ist nicht durch Wissenschaft ersetzbar. Aber die Zusammenschau beider birgt, wenn es um Nahtoderfahrungen und Seele geht, eine besondere Faszination.

I. Phänomene

1. Die Van-Lommel-Studie über Wiederbelebungen

Nahtoderfahrungen, wie sie seit Moodys Buch *Leben nach dem Tod* (1975) vielfach diskutiert wurden, sind nicht allgemein Sterbeerlebnisse, sondern Extremerfahrungen besonderer Art. Sie brauchen nicht einmal in – wirklicher oder psychologischer – Todesnähe zu geschehen, wenngleich sie im Umfeld des Todes besondere Bedeutung gewinnen. Allgemein definiert man sie durch bestimmte Merkmale, unter denen die folgenden deutlich hervorstechen:

- Außerkörpererfahrungen oder Schwebeerlebnisse, bei denen meist der eigene Körper von oben wahrgenommen wird, zusammen mit der Umgebung, etwa in einem OP Ärzte und Schwestern samt medizinischem Gerät.
- Tunnel-Licht-Erfahrungen, innerhalb derer sich der Erlebende durch einen dunklen, oft röhrenförmigen Bereich hindurch auf ein ungewöhnliches Licht zubewegt, das als Träger von Liebe und Geborgenheit empfunden wird.
- In diesem Licht Begegnung mit verstorbenen Freunden oder Verwandten, manchmal auch mit unbestimmten Lichtgestalten.
- Wahrnehmung eines Lebenspanoramas, in dem detailgenau und im Zeitraffertempo Szenen aus dem bisherigen Leben zu sehen sind.
- Enttäuschung über eine plötzliche Rückkehr in den – oft kranken – Leib; langfristig aber mehr verständnisvolles

Engagement für andere Menschen und Glaube an ein Leben nach dem Tod.
- Hinzu kommen Farbwahrnehmungen, die Vision schöner Landschaften, Wahrnehmung einer Grenze oder Hören wunderbarer Musik und noch andere Erfahrungen.
- Schreckenserlebnisse treten ebenfalls auf, sind jedoch selten und oft vorübergehend.

Diese kennzeichnenden Merkmale sind prinzipiell unabhängig von Alter, Geschlecht, Rasse, Kultur und Religion, wenn sie davon auch in der Ausgestaltung beeinflusst werden. Sie kommen nicht alle in jedem Nahtoderlebnis vor. Je mehr von ihnen auftreten, desto „tiefer" ist die Nahtoderfahrung, wie man sagt. Weltweit hat man Tausende von Berichten derartiger Erlebnisse gesammelt.

Der niederländische Kardiologe Pim van Lommel, geboren 1943, hatte derartige Berichte zur Kenntnis genommen, als er sich 1986 einmal aktiv um die Kernfrage kümmerte, ob derartige Berichte nur subjektive, traumartige Erlebnisse wiedergeben oder ob da vielleicht doch etwas „Objektives" dran ist. Zunächst erkundigte er sich zwei Jahre lang in seiner Sprechstunde bei Patienten, die wiederbelebt worden waren, nach entsprechenden Erfahrungen. Er war überrascht, dass zwölf von fünfzig Befragten ihm teils intensive und sehr bewegende Berichte gaben.

Trotzdem: Wenn auch die Schilderungen überzeugend und glaubwürdig waren, reichten sie nicht für wissenschaftliche Schlussfolgerungen aus. Um zu solchen zu gelangen, bot sich aber gerade für Kardiologen ein Weg an: Befragungen von Wiederbelebten unmittelbar nach der Reanimation und Vergleich der Aussagen mit nachprüfbarem Geschehen im OP oder am Unfallort.

Van Lommel gelang es, eine Anzahl von Kollegen, Mitarbeitern und Psychologen zu gewinnen, mit denen er ein gut ausgearbeitetes Projekt in Gang setzen konnte. Zehn

Kliniken in Arnheim und Umgebung beteiligten sich daran.

„Im Laufe von vier Jahren", so van Lommel, „von 1988 bis 1992, konnten wir konsekutiv 344 Patienten mit insgesamt 509 erfolgreichen Reanimationen in die Studie aufnehmen. Alle Patienten in unserer Studie waren zeitweilig klinisch tot gewesen. Als klinischen Tod definiert man die Phase der Bewusstlosigkeit, zu der es bei einem Herzstillstand oder einem akuten Herzinfarkt infolge unzureichender Durchblutung des Gehirns, eines Kreislaufzusammenbruchs und/oder eines Atemstillstandes kommt. Wenn in diesem Zustand keine Reanimation eingeleitet wird, tritt nach fünf bis zehn Minuten eine irreversible Schädigung der Gehirnzellen ein, und der Patient wird unweigerlich sterben."[2]

Unter diesen Patienten fand man 62, die von einer Nahtoderfahrung berichteten, 41 davon mit mittlerer bis ausgeprägter Tiefe. Die weitere Befragung führte man auch bei ebenso vielen der übrigen Patienten mit vergleichbaren Lebensdaten als Kontrollgruppe durch. Überdies interviewte man nach zwei und nach acht Jahren die dann noch lebenden Befragten, um ein Bild von den Rückerinnerungen und auch den Lebensveränderungen zu gewinnen.

Die Ergebnisse der Untersuchung – man nennt sie heute kurz die Van-Lommel-Studie – waren derart beeindruckend hinsichtlich Inhalt und methodischer Durchführung, dass die renommierte Medizinzeitschrift *The Lancet* sie 2001 publizierte. Was den Inhalt angeht, bedeutete das eine Ungeheuerlichkeit. Denn hier wurde der Nachweis vorgestellt, dass es ein vom Gehirn unabhängiges menschliches Bewusstsein gibt, strikt entgegengesetzt dem in der klassischen Medizin üblichen „naturalistischen" Weltbild.

Vergegenwärtigen wir uns einige weitere der wichtigsten Aussagen der Studie:

Von den 62 Befragten mit Nahtoderfahrung hatten 15, also etwa jeder vierte, das genannte Merkmal einer Außerkörpererfahrung, das sich für die Leib-Seele-Frage als besonders bedeutsam erweist. 19 bewegten sich durch einen „Tunnel", 14 kommunizierten mit Gestalten im Licht und zwanzig begegneten verstorbenen Freunden oder Angehörigen. Acht erfuhren eine Lebensrückschau. Auch andere Merkmale waren vertreten: Besonders viele, nämlich 18, nahmen eine himmlische Landschaft wahr. Niemand schilderte eine Furcht einflößende oder schlechte Erfahrung.

Bei erneuten Befragungen der Überlebenden nach zwei und acht Jahren ging es neben einer kontrollierenden Wiederholung früherer Fragen vor allem um die Langzeitwirkung der Nahtoderlebnisse. Man erkundigte sich nach Veränderungen in den sozialen und religiösen Anschauungen sowie Verhaltensweisen. Hier spielte die Kontrollgruppe eine besondere Rolle, da ja das Erlebnis eines Herzstillstandes und der Wiederbelebung selbst einschneidende Veränderungen im Verhältnis zum Leben erwarten ließen. Das bestätigte sich auch; der Unterschied lag jedoch im Umfang. So waren nach zwei (acht) Jahren 42% (78%) der Befragten mit Nahtoderlebnis der Meinung, dass sie vermehrt „eigene Gefühle zeigen", von den anderen 16% (58%). Entsprechend war das Verhältnis bei der Frage „liebevoller, empathischer" 52% (68%) zu 25% (50%), bei „mehr Einsicht in den Sinn des Lebens" 52% (57%) zu 33% (66%!) und bei stärkerem „Glauben an ein Leben nach dem Tod" 36% (42%) zu 16% (16%).[3]

Einschneidender als die zahlenmäßigen Aussagen ist indessen die Tatsache selbst, dass Patienten aus der Phase des Herzstillstandes heraus berichteten, was sie sahen und erlebten. Kann man bei nachträglichen Erzählungen noch Fantasie oder falsche Erinnerung vermuten, so bestand hier die Möglichkeit, Behauptungen konkret nachzuprüfen. Besonders eindrucksvoll ist folgendes Beispiel, das wir in den Worten eines aktiven Pflegers wiedergeben:

„Während der Nachtschicht liefert der Rettungswagen einen 44 Jahre alten, bereits bläulich-violett verfärbten, komatösen Mann auf der kardiologischen Station ein. Passanten hatten ihn etwa eine Stunde zuvor in einem Park gefunden und bisher lediglich mit Herzmassage begonnen. Nach seiner Ankunft im Krankenhaus wird er mit Beutel und Maske beatmet, erhält Herzmassage und wird defibrilliert. Als ich die Beatmung übernehme und den Patienten intubieren will, fällt mir auf, dass er noch ein künstliches Gebiss trägt. Vor der Intubation entferne ich den oberen Teil der Prothese und lege sie auf den Instrumentenwagen. In der Zwischenzeit setzen wir die Maßnahmen zur erweiterten Reanimation fort. Nach etwa anderthalb Stunden hat der Patient zwar wieder einen ausreichend stabilen Herzrhythmus und Blutdruck, er wird aber noch beatmet ... Eine Woche später, bei der Medikamentenausgabe, begegne ich dem Patienten, der gerade auf die Kardiologie verlegt wurde, wieder. Als er mich sieht, sagt er: ‚Oh, dieser Pfleger weiß, wo mein Gebiss liegt ... Sie waren doch dabei, als ich ins Krankenhaus kam, und haben mir das Gebiss aus dem Mund genommen und es auf einen Wagen gelegt, auf dem alle möglichen Flaschen standen. Er hatte so eine ausziehbare Schublade, und in die haben Sie meine Zähne gelegt.'"[4]

Wie der Patient M. noch weiter erzählte, hatte er alles in einem Schwebeerlebnis von oben, unter der Zimmerdecke schwebend, beobachtet. Die Angaben stimmten genau. – Hier sind wir bei dem vielleicht gravierendsten Punkt der Van-Lommel-Studie: Man konnte sowohl feststellen, dass das Außerkörpererlebnis sich während des Herzstillstandes vollzog, wie auch die Angaben des Patienten genau überprüfen.

An diesem Beispiel entzündete sich eine Diskussion, die illustriert, wie das Ringen um ein neues Menschenbild mit wissenschaftlicher Schärfe geführt wird. Es erscheint lohnenswert, ihr ein eigenes Kapitel zu widmen, ehe wir mit den allgemeinen Betrachtungen fortfahren.

2. Die Geschichte mit dem künstlichen Gebiss

Die in den USA erscheinende Zeitschrift *Journal of Near-Death Studies* ist ein seriöses Organ, wohl das führende hinsichtlich Berichterstattung und wissenschaftlicher Diskussion über die Szenerie der Nahtoderfahrungen. Sie veröffentlichte im Jahr 2008 einen Beitrag des Niederländers R. H. Smit über die genaueren Umstände und den Ablauf der Wiederbelebung des Patienten M., wie er im vorigen Kapitel geschildert wurde. Insbesondere erzählte darin der Pfleger „TG" in einem Interview, wie er vom Kopfende des Patienten aus die Reanimation durchführte, einschließlich der Geschichte mit dem herausgenommenen künstlichen Gebiss. – Ein in den Niederlanden arbeitender australischer Anästhesist, G. M. Woerlee, selbst in Reanimationen erfahren, reagierte vehement in einer Skeptiker-Zeitschrift und interpretierte die Argumente von Smit so, dass eine hirnbiologische Erklärung dafür herauskam, warum Patient M. während des Herzstillstandes die Einzelheiten der Herausnahme seines künstlichen Gebisses wahrnehmen und später schildern konnte. Ein Kernpunkt seiner Argumentation besagte Folgendes: Wie dargelegt, wurde bei der Reanimation eine Beatmungsmaschine benutzt. Es ist bekannt, dass bei dem hierbei wieder einsetzenden Blutfluss das Bewusstsein in Anfängen wiederkehren kann, noch ehe das Herz wieder zu schlagen beginnt. Patient M. konnte also sehr wohl die Herausnahme des künstlichen Gebisses und dessen Lagerung im Instrumentenwagen in ganz gewöhnlicher Weise wahrgenommen haben.

Das *Journal of Near-Death Studies* druckte im Jahr 2010 den Beitrag von Woerlee vollständig ab, fügte allerdings eine Analyse und Recherche von Smit und einem weiteren Autor hinzu.[5] Diese war vernichtend: Der Pfleger TG hatte, wie im Interview ausdrücklich dargelegt, das künstliche Gebiss herausgenommen, ehe er die Beatmungsmaschine einschaltete, also während das Herzflimmern von Patient M. noch anhielt. Hatte Woerlee diesen entscheidenden Punkt übersehen oder absichtlich verdreht? Auch die anderen Einwände erwiesen sich als nicht stichhaltig.

Gegen kritische und besonders sorgfältige Prüfung von so gravierenden Erlebnissen wie dem von Patient M. ist nichts einzuwenden. Zwischen echten, nachhaltigen und scheinbaren außerkörperlichen Erfahrungen und Nahtoderlebnissen soll sorgfältig unterschieden werden. Die tiefere Frage dabei ist, ob eine Offenheit gegenüber Erfahrungen besteht, die dem herkömmlichen naturalistischen oder materialistischen Weltbild widersprechen. So kann unser Bemühen, den gegenwärtigen Umbruch in unserem Weltbild zu vermitteln, auch als Angebot an den Skeptiker verstanden werden, sich ohne intellektuellen Salto neuen Verständnisweisen zu öffnen, insbesondere in der Frage nach Bewusstsein, Seele und Körper.

Zwar betraf die Van-Lommel-Studie nur eine ganz bestimmte Gruppe von Menschen mit Nahtoderlebnis, nämlich solche, die das Erlebnis während eines Herzstillstandes hatten. Ihre Aussagen strahlen aber auf die Fülle anderer Nahtoderfahrungen aus, auch wenn diese „retrospektiv", rückschauend, über das Erlebte Auskunft geben und nicht „prospektiv" wie in der Van-Lommel-Studie untersucht werden können. Da man den vielen Berichten entnehmen kann, dass die Grundmuster wie Außerkörpererlebnis, Tunnel-Licht-Erfahrung, Begegnung mit Verstorbenen oder Lebenspanorama dieselben sind, erhalten auch die retrospektiven Studien neues Gewicht. So können wir, ehe wir einem genaueren Verstehen der Ergebnisse van Lommels nachgehen, den Kreis der Erfahrungsberichte erweitern. Wir beginnen mit einem ungewöhnlich reichhaltigen Bericht, in dem sehr viele der Grundmerkmale einer Nahtoderfahrung auftreten.

3. Damals in der DDR – Beispiel einer Nahtoderfahrung

Günter Miersch schrieb im März 2007, wie er 1963 als 19- oder 20-Jähriger bei einem Judo-Training einen Unfall hatte und mit Vorgängen konfrontiert war, deren Verarbeitung sich im DDR-Umfeld als besonders schwierig erwies. Lassen wir ihn selbst zu Wort kommen (aus dem mir übersandten Originalbericht):

„Bevor ich das Bewusstsein verlor, überkam mich ein Vernichtungsgefühl. Für sich steigernde Angst war nicht mehr viel Zeit. Zum ‚Glück' ging das alles recht schnell, und dann kam als Letztes auch schon das mir bekannte (von Äthernarkose) Rauschen in den Ohren. Dann sah ich auf Podesten zwei oder drei Vögel mit hängenden Köpfen und zerzausten Federn sitzen, die Ähnlichkeit mit einer Kreuzung zwischen Rabe, Geier und Bundesadler von der Seite gesehen hatten. Die Stimmung war etwas bedrückend.

Danach wurde es wieder dunkel, und ich konnte spüren, dass ich meinen Körper, besonders aus der Brustgegend, verlasse, und hatte dabei ein sehr schönes angenehmes Gefühl. Ich konnte plötzlich wieder sehen, befand mich ca. einen Meter über dem Boden und sah, dass vor mir zehn oder elf meiner Sportfreunde in ihren weißen Judoanzügen sich auf der Judomatte im Dreiviertelkreis um einen auf der Matte Liegenden stellten. Inzwischen war ich bis kurz unter die Turnhallendecke geschwebt und konnte den dort unten Liegenden jetzt genau und ganz klar erkennen und staunte: ‚Das bin ja ich', hatte ich sofort begriffen, ohne Angst oder Sorge um mein Befinden zu haben. Mein Körper war mir gleichgültig. Am anderen Ende der Turnhalle hatte eine Grundschulklasse immer gleichzeitig Sportunterricht und war meistens mit Ballspielen beschäftigt, was natürlich mit viel Rufen und Geschrei vor sich ging. Das konnte ich von da oben noch klarer als sonst hören. Auch was die Sportkameraden sagten, konnte ich verstehen. Mein Körper lag auf dem Rücken mit geschlossenen Au-

gen, und ich konnte ihn durch eine Lücke der um mich Stehenden deutlich von oben sehen. Einer machte einen kleinen Schritt in diese Lücke, und somit hatte er mir mit seinem Kopf den Blick auf mein Gesicht versperrt. Denn ich wollte gern noch mal mein Gesicht mit den geschlossenen Augen sehen. Das konnte ich nicht mehr in der noch verbleibenden kurzen Zeit erreichen. Diese Erinnerung ist immer noch fast hundertprozentig. Eine Kamera an derselben Stelle unter der Hallendecke hätte auch keine anderen Bilder liefern können."

Später fügte Günter dieser ersten Phase seines Erlebens noch hinzu:

„Einige Minuten später habe ich dann meinen Sportfreund Reinhold H., der dabei war, gefragt, wie lange ich dalag. Nach seiner Schätzung waren es eineinhalb bis zwei Minuten. Ich zeigte ihm dann genau die Stelle auf der Judomatte, wo ich gelegen hatte, wo die Sportkameraden gestanden waren, sich bewegt hatten, wo er gestanden war, nämlich hinter meiner rechten Schulter, und die kleine Lücke, durch die ich mein Gesicht ja anfangs von oben etwas seitlich sehen hatte können. Reinhold bestätigte das wörtlich: ‚Ja, so war's.' Dann reißt er den Kopf hoch und fragt mich: ‚Woher weißt du das?' Da bin ich etwas zusammengezuckt und habe nicht geantwortet. Denn ich war nicht ganz sicher, ob er vielleicht etwas weitererzählt ..."

Man hört heute noch immer wieder von Nahtod-Betroffenen, dass sie deshalb nicht über das Geschehene reden, weil sie Angst haben, für verrückt erklärt zu werden. Damals in der DDR kam noch hinzu, dass die materialistische Ideologie so etwas nicht zuließ und schnelle Konsequenzen möglich gewesen wären.

Besonders bemerkenswert an der geschilderten Szene ist, dass die Sportkameraden von Günter ausdrücklich dessen Beobachtungen im „Schwebezustand" bestätigt haben. Wir treffen hier auf eines der fundamentalen Rätsel, die Nahtoderfahrungen Medizin und Naturwissenschaften aufgeben und das schon in der Van-Lommel-Studie thematisiert wird. Es war ein glücklicher Umstand, dass Günter spontan das Gespräch über die Postierung auf der Matte geführt und damit „objektiviert" hat. Durch folgende Ergänzung über den Anfang des Schwebens wird das noch einmal verdeutlicht:

„Ich befand mich etwa einen Meter über dem Boden und hatte dazu ungefähr einen Meter Abstand zu den Füßen eines am Boden Liegenden. Dazwischen gingen drei oder vier Sportfreunde ganz nahe an mir vorbei und versperrten mir dabei jeweils kurzzeitig die Sicht zu dem vor mir auf dem Boden Liegenden. (Ich wusste noch nicht, dass ich das selbst bin.) Dabei sind einer oder zwei von rechts nach links praktisch durch mich (meine Position) durchgelaufen, ohne mich wegzuschieben. Ich konnte dabei sogar das ganz leise Schleifgeräusch ihrer Füße beim Gehen über die Judomatte hören."

Fahren wir fort mit der zweiten Phase von Günters Nahtoderlebnis:

„Ich verlor wieder die Fähigkeit zu sehen und kam in die nächste Phase des Erlebten. Wie in einem Film konnte ich mein bisheriges Leben noch mal mit einigen herausgehobenen Erlebnissen vor mir ablaufen sehen. Dazu kam noch eine Person, die ich nicht sehen konnte, deren Stimme mich aber erklärend, helfend und wohlwollend begleitete. Es fand auch eine Bewertung statt, ohne Vorwürfe und Drohungen. (Es blieb aber auch nichts verborgen.) Ich konnte alles von höherer Warte aus selbst sehen, beurteilen und kommentieren. Dazu war ich fähig, weil meine Intelligenz und intellektuellen Fähigkeiten plötzlich um ein Mehrfaches zugenommen hatten. Zusätzlich gab es da noch eine seltsame Erscheinung. Ich hörte eigenartige Knack- bzw. Knattergeräusche, die wie ein Störsender andere Eindrücke überlagerten. Das war etwas lästig.

Daran kann ich mich nicht mehr so gut erinnern. (Vielleicht habe ich das auch verdrängt.)"

Dieser auch „Panorama" oder „Lebensfilm" genannte Teil von Nahtoderfahrungen ist bei manchen Betroffenen alleiniges Erlebnis und wird insbesondere von verschiedenen Bergsteigern berichtet, die einen Absturz überlebt, sich also nur wenige Sekunden in psychologischer Todesnähe befunden haben. Dass in einer so kurzen Zeit die Biografie eines Menschen in wesentlichen Teilen wahrgenommen werden kann, ist bereits ein außerordentliches Phänomen. Dazu kommen noch die inhaltliche Bewertung und ihre Konsequenzen, die Günter Miersch in seinem Fall selbst so kommentiert:

„In den folgenden Tagen bin ich auch die zweite Phase immer wieder gedanklich durchgegangen und war danach enttäuscht, weil meine besonderen intellektuellen Fähigkeiten wieder verschwunden waren. In dem lapidaren Satz ‚Es blieb aber auch nichts verborgen' steckt eine umfangreiche und folgenreiche Aussage. Diese Feststellung und Erfahrung, die mir ganz sicher bewusst wurde, hat weit reichende Folgen, wenn sie sich auch in der Zukunft bewahrheitet. Denn ich nahm alle guten und schlechten Taten mit (sie waren mir bewusst) und spürte auch die Folgen bei anderen und was ich bei ihnen bewirkt habe. Deshalb auch meine Bemerkung ‚Vielleicht habe ich das auch verdrängt' Vorausgesetzt, dass jeder/jede diesen ‚Lebensrückblick' erlebt, wenn es endgültig so weit ist, dann könnte das auch bewirken, dass ein Täter nicht mehr über sein Opfer triumphiert und der Ehrliche auch nicht der Dumme ist, zumindest ab diesem Zeitpunkt.
Mein Zeitgefühl war bei meinem Lebensrückblick verändert, so als könnte ich einiges gleichzeitig wissen und wieder erleben. Meine Eltern, auch Großeltern väterlicherseits kamen dabei vor, also nur Personen, zu denen ich auch real [in der profanen Wirklichkeit] Beziehungen hatte oder die ich persönlich kannte. Man

kann sagen, dass ich mich auf einer anderen Ebene des Transzendenten befand [als bei Phase 1], aber noch durch die Rückschau Verbindung zur realen Wirklichkeit hatte."

Die dritte Phase des Nahtoderlebens ist für Günter Miersch die „emotional ergreifendste": Zunächst bewegte er sich durch eine

„... tunnelähnliche Röhre. Die Seitenwände des ‚Tunnels' kann ich nicht mehr beschreiben, ich kann mich nur noch an sternähnliche Lichter erinnern."

Auf einmal umgab ihn ein

„... festlich glänzender Raum, und mir begegnete eine ‚strahlende Person' ohne konkreten Körper (vielleicht nebelartig), den ich nicht beschreiben kann. Ich erinnere mich noch recht gut daran, aber mir fehlen einfach die Worte, um das auszudrücken. Ich befand mich im Zustand eines ungewöhnlichen Glücks. Diese ‚Person' nahm sich meiner an, sozusagen als Begleitung oder Führung. Es kamen noch sechs oder sieben solche ‚Personen', die alle auch untereinander sehr freundlich waren, dazu. Sie kannten sich alle, auch mich, und sie waren alle schon Verstorbene. Bis auf drei oder vier erkannte ich sie auch. Meine Begleitung (Führung) wurde durch eine der dazugekommenen ‚Personen' freundlich abgelöst. Ich befand mich in einer Atmosphäre von höchstmöglich vorstellbarer Liebe und Glück. Meinen Körper spürte ich nicht mehr."

Einige undeutliche Erinnerungen in diesem Bericht haben sich später verdichtet, und so fügt Günter Folgendes hinzu:

„Es bestand ein gedanklicher Austausch mit den erschienenen Personen. Gleich in den ersten Tagen danach habe ich gedacht, du hättest doch eigentlich ein paar Fragen stellen können. Anderer-

seits war ich so überrascht, fasziniert und ergriffen, dass ich nicht mal auf diese Idee kam, denn es gab ja auch ständig Neues. Meine erste Führungsperson war meine Großmutter väterlicherseits (verstorben 1960). Erkennbar war sie nur schemenhaft, leicht strahlend, und die Art, wie sie mich ansprach, war aber recht charakteristisch. Die dann dazugekommenen Personen kamen nacheinander zur Begrüßung ‚vorbeigeschwebt'. Einige erkannte ich sofort, diese hatte ich vorher auch persönlich gekannt. Gleich die erste in den Raum hereingekommene Person war zu mir besonders freundlich, blieb länger neben mir, war männlich, jünger und kleiner als die anderen. Mit ihm gab es keinen ‚Gedankenaustausch', und ich wusste lange Zeit nicht, wer das gewesen war. Danach kamen noch mir nicht Bekannte zur freundlichen Begrüßung, welche sich dann als meine Großeltern mütterlicherseits herausstellten (verstorben um 1930). Das fiel mir erst ein paar Tage später ein, Fotos waren noch vorhanden. Diese Großmutter übernahm dann sozusagen von der ersten Großmutter meine Begleitung bzw. Führung."

Und am bewegendsten ist sicherlich die Schlussbemerkung:

„Erst viel später, das können Monate gewesen sein, wusste ich eines Tages plötzlich: Der erste Hereingekommene war mein verstorbener Bruder (verstorben 1933), Zwillingsbruder meiner Schwester; er hatte nur drei Tage gelebt (Urkunden sind noch vorhanden)."

In den geschätzten eineinhalb bis zwei Minuten, die das Nahtoderlebnis dauerte, war immer noch Raum für eine vierte Phase, das „große Finale" sozusagen, das Günter wie folgt schildert:

„Ohne mein Wollen befand ich mich wieder in einer ‚Tunnelröhre', sah diesmal nicht viele Lichter wie vorher, sondern vorrangig war ein sehr helles weißes Licht, auf das ich mich mit immer schneller werdender rasender Geschwindigkeit zubewegte. Das

Licht war blendend hell, aber nicht unangenehm. Als ich dachte: ‚Jetzt hast du es erreicht', kam ich plötzlich in einen Raum, der mich an einen Schulklassenraum mit kleiner Wandtafel erinnerte. Es war dort etwas nüchterner und weniger glanzvoll, aber ich fühlte mich noch sehr froh und glücklich. Ich kann mich nicht mehr erinnern, was auf der Wandtafel geschrieben stand. Ich spürte, hier lief alles auf eine Entscheidung hinaus. Eine Stimme sprach mich an, aber ich konnte dazu keinen Körper oder ein ‚Geistwesen' erkennen. Mir wurde unter anderem erklärt, dass ich noch Aufgaben zu erledigen habe und benötigt werde. Ich wollte noch schnell die Bitte äußern, meinen Zustand noch etwas länger beibehalten zu dürfen. Die Stimme hatte mich aber längst durchschaut und kam mir zuvor mit der klaren Aussage, die ich sogar noch wörtlich weiß: ‚Nein, es ist noch nicht so weit. Du gehst/ kommst wieder zurück.' Danach kam ich sofort wieder in den Körper zurück. Ich öffnete die Augen, konnte die Hallenbeleuchtung sehen, und der erste Gedanke, den ich hatte, war: ‚Schade, dass es schon vorbei ist.' Ich bin dann sofort aufgestanden, als ob nichts gewesen wäre, hatte sogar ein angenehmes Gefühl (Kribbeln) im Kopf... Den Wiedereintritt in meinen Körper erlebte ich fast ruckartig, und das schöne, körperlose, befreiende Gefühl war augenblicklich wieder verschwunden."

Schließlich seien noch folgende Bemerkungen Günters angefügt:

„Auffällig ist, dass mein Interesse an den ‚letzten Fragen' zugenommen hat. Die Angst vor dem Tod ist verschwunden. Ich weiß nicht, was und wie der Tod ist; es konnte ja auch noch niemand darüber berichten. Vielleicht gibt es gar keinen endgültigen Tod. (Das ist aber Spekulation/Hoffnung/Glaube.) Ich weiß aber, dass vorher, nach Beginn der augenscheinlichen ‚Bewusstlosigkeit', bevor es endgültig so weit ist, sich noch einiges ereignen wird, und dieses Bewusstsein/Wissen hat bei mir Einfluss auf einige Anschauungen und Meinungen genommen... Es wird mir bewusster,

dass es noch andere Normen und Maßstäbe als die von Zeitgeist und Ellenbogengesellschaft propagierten (z. B. Konsumkultur) gibt."

Nicht alle Nahtoderfahrungen haben die Intensität und Tiefe wie diejenige von Günter Miersch. Man hat sich sogar um ein Maß für die Tiefe des ungewöhnlichen Grenzerlebens bemüht. Das wird immer mit Willkür behaftet sein. Allerdings kommt ihm insofern Bedeutung zu, als man annehmen kann, dass flüchtige Nahtoderlebnisse nicht in jedem Fall in die spirituelle Erlebnissphäre vordringen oder auch nur die Schwelle des hirnbiologisch Erklärbaren überschreiten.

Über diese hirnbiologischen Aspekte ist viel geschrieben worden, oft mit der Absicht, Nahtoderlebnisse überhaupt mit ihrer Hilfe zu erklären. Wir stellen zuerst einige Argumente zusammen, die sich schon im Rahmen des klassischmedizinischen Menschenbildes als fraglich erweisen. Ein Beispiel („Die Geschichte mit dem künstlichen Gebiss") haben wir schon weiter oben kennengelernt. Wie wir später sehen werden, ist ihre Verwendung zur Erklärung tiefer Nahtoderfahrungen darüber hinaus deshalb nicht möglich, weil Neurobiologie in ihrer heutigen Form – ohne quantenphysikalische Grundlagen – ausreichender Aussagekraft entbehrt.

4. Sind Nahtoderlebnisse neurobiologisch deutbar?

Eine der Theorien, mit denen die Lichterfahrung im Nahtoderlebnis erklärt werden soll, sieht so aus: Das sterbende Gehirn bringt infolge Sauerstoffmangels einen größer werdenden Lichteffekt hervor, der als Tunnel-Licht-Erlebnis empfunden wird. Eine andere führt an, dass in Extremsituationen wie Autounfall oder Koma Stresshormone im Gehirn ausgeschüttet werden, etwa Endorphine oder Enkephaline, die Glücksgefühle produzieren. Psychiatrisch wird angenommen, dass bei Bedrohung eine innere Flucht einsetzen kann, die zum Gefühl führt, man verlasse den Körper und betrete ein glückvolles Land. Andere sprechen einfach von Halluzinationen. Als besonders gravierend gilt, dass man durch mechanische Reizung eines gewissen Bereiches im Schläfenlappen des Gehirns (gyrus angularis) außerkörperliche Erlebnisse auslösen kann oder durch Einnahme bestimmter Drogen wie Ketamin nahtodartige Lichtvisionen zu erzeugen vermag.

Nun lassen sich viele dieser Argumente einzeln in Frage stellen. So kann man beispielsweise bei Nahtoderfahrungen, die nicht in Todesnähe geschehen, nicht von Sauerstoffmangel im sterbenden Gehirn reden. Es ist auch hinreichend erwiesen, dass sich Nahtodvisionen grundlegend von Halluzinationen dadurch unterscheiden, dass sie wie reale Erlebnisse klar strukturiert sind, auch nach langer Zeit noch präzise in Erinnerung gerufen werden können und vor allem – bei ausreichender Tiefe – in einer Weise das weitere Leben nachhaltig beeinflussen, wie man das von Halluzinationen nicht kennt.

Hier möchte ich aber nicht weiter auf Einzelheiten eingehen, sondern den Kern des Problems in einem Vergleich zusammenzufassen versuchen: Wenn sich Menschen sexuell begegnen, dann werden im Gehirn ebenfalls Glückshormone wie Endorphine ausgeschüttet und es spielt sich neurobiologisch eine Reihe von Prozessen ab, die sich auch bei einem der beiden Menschen künstlich erzeugen lassen, ohne dass ein Partner existiert, etwa durch Pornografie oder direkten Hirneingriff. Die Einzelbefunde im Gehirn sagen also noch nichts aus über den Gesamtvorgang wie im Falle der sexuellen Begegnung. – Analog sagen einzelne Hirnphänomene, die im Nahtoderlebnis auftreten oder umgekehrt als Hirnreizung zu nahtodähnlichen Erlebnissen führen, noch nichts über das Ganze und dessen tiefer liegende Bedeutung. – Bildlich gesprochen tragen wir so etwas wie eine Schatzkammer in unserem Gehirn, von der man annehmen kann, sie wird erst im Tode endgültig geöffnet, im Nahtoderlebnis nur ansatzweise und vorübergehend.

Bei einer neurobiologischen Befassung mit dieser Schatzkammer ist eine fundamentale methodische Feststellung zu treffen: Gegenwärtige Hirnforschung beruht fast vollständig auf klassischer Physik und ist damit einem Weltbild verhaftet, das in der Physik seit hundert Jahren in Frage gestellt wird. Allein diese Tatsache nimmt der Neurobiologie schon die Legitimation, Gesamtaussagen über Geist, Bewusstsein, Seele usw. vorzunehmen. Sie vermag nur hirnphysiologische Korrelate, Teilaspekte zu beschreiben, auch wenn diese medizinisch und psychologisch von erheblicher Bedeutung sein können. Zwar wird auch die Quantenphysik, wenn sie einmal zum methodischen Rüstzeug der Neuroforschung gehören wird, nicht die letzten Geheimnisse aufdecken. Aber sie wird schon bei Fragen wie der Realität von Schwebeerlebnissen eine neue Sicht ermöglichen. Das soll uns noch genauer beschäftigen. Betrachten wir zunächst weitere Beispiele, um eine breite Grundlage für unsere Überlegungen zu gewinnen!

5. Dokumentation weiterer Nahtoderfahrungen

Wunderschön helles, warmes Licht

Folgenden Bericht von Frau Anna Brückner erhielt ich im Februar 2008; er sei unkommentiert wiedergegeben:

„Ich habe 1971 während der Geburt meines Sohnes ein Nahtoderlebnis gehabt. Ich konnte die ersten zehn Jahre mit niemandem darüber sprechen außer mit einer Hebamme kurz nach der Geburt, als alles vorüber war. Später erzählte ich das Erlebnis meiner Mutter. Sie erklärte mir, dass ich etwas Wunderbares erlebt hätte, das nicht jedem Menschen beschert wäre.

Ich war damals zwanzig Jahre alt und nicht besonders gläubig oder besser gesagt keine große Kirchgängerin oder Beterin. Heute bin ich 56 Jahre alt, habe viel erlebt und habe mich oft gefragt, ob das alles einen Sinn hat. Bin immer nur gefordert worden, habe kaum Liebe oder Zärtlichkeit erfahren. Aber erst einmal zu meinem Erlebnis:

Die Geburt wollte nicht vorwärtsgehen, ich konnte einfach nicht mehr. Plötzlich setzte mitten im größten Wehenschmerz die Atmung aus, und in diesem Moment waren alle Schmerzen weg, und ich erfuhr ein großes Gefühl von Freiheit, als könnte ich die ganze Welt umfassen. Ein wunderschön helles, warmes Licht umfing mich, und ich schwebte immer weiter von mir weg. Ich habe alles, was Ärzte, Hebammen und Schwestern gesagt oder getan haben, genau gehört und dachte: ‚Was tun die mit mir? Sie sollten mich doch gehen lassen.' Ich hörte die Stimmen immer weiter entfernt wie durch eine Röhre. ‚Zeit spielt keine Rolle mehr', hieß es, und jemanden hörte ich nach Sauerstoff schreien. Und in dem Moment, als ich beatmet wurde, musste ich in meinen Körper zurück. Ich wollte nicht zurück, es war so schön dort drüben. Ich hatte das Gefühl, in ein viel zu enges Gefäß eingesaugt zu werden. Das Geräusch empfand ich so, als ob ein verstopfter Abfluss das Wasser schnell wegzieht. Es war äußerst schmerzhaft, und sofort waren auch die Geburtswehen wieder da. Nach zwei schweren Wehen, mit letzter Kraft und mit Hilfe von Arzt und Hebamme wurde mein Sohn geboren. Als alles vorbei war und ich mit der Hebamme und dem Kind allein im Kreißsaal war, setzte sich die Hebamme an mein Bett, zwickte mich in die Wange und sagte zu mir: ‚So, jetzt wird sich aber mal gefreut.' Ich muss wohl von ganz weither gekommen sein, denn das Erste, was ich sprach, war: ‚Warum habt ihr mich nicht gehen lassen, warum habt ihr mich zurückgeholt?' Die Hebamme war sehr erschrocken; so etwas hatte sie noch nicht erlebt. Tage später sagte sie mir, mein Blick wäre während der letzten Geburtsphase ganz weit und fern gewesen, ganz sonderbar. Heute habe ich durch viele priesterliche Gespräche oder Bücher die Erkenntnis, dass ich zurückgeschickt wurde und in meinem Leben noch einiges bewegen, Menschen begleiten und führen muss oder darf und kann.

Ich habe vor acht Jahren angefangen, in die Altenpflege zu gehen, zwei Jahre Schule gemacht und den Hospizbegleiterschein erworben. Ich denke, ich bin auf dem richtigen Weg und habe auch vor dem Sterben keine Angst, höchstens vor Krankheit und Schmerzen."

Zum zweiten Mal im Tunnel

Heinz W. schreibt 2007 von zwei Nahtoderlebnissen, die „28 Jahre auseinanderliegen und doch zusammengehören". Im April 1945 wurde er als 17-Jähriger an der Ostfront durch Granatsplitter schwer verwundet, notdürftig versorgt und, nachdem seine Truppe durch die Rote Armee überrollt war, in eine Kaserne bei Iglau (CSSR) gebracht. Dort

„... durchlebte ich die Hölle. Unsagbare Schmerzen wegen Tetanus, Wundstarrkrampf usw. Dazu grausame Behandlung durch das tschechische Wachpersonal. Wie oft und wie lange ich durch Betäubungsmittel oder Scheintod weg war, kann ich nicht genau sagen. Scheintod kommt bei Wundstarrkrampf oft vor. Ich bekam das Meiste mit, konnte mich aber weder bewegen noch sonst irgendwie bemerkbar machen."

Aber noch Anderes geschah:

„Irgendwann in dieser Zeit hatte ich ein Erlebnis, ich weiß, dass ‚Traum' nicht der richtige Ausdruck ist. Ich befand mich in einem Tunnel. Wie ich dort hineingekommen bin, weiß ich nicht. Ich sprang rückwärts hoch (ähnlich den heutigen Hochspringern), drehte mich herum und schwebte. Ich kann nicht sagen, ob ich irgendwelche Bewegungen gemacht habe. Der Tunnel war wie von Dämmerung erhellt. Nach einer kurzen Strecke teilte sich der Tunnel. Der abzweigende Teil war ganz dunkel. Die Dunkelheit war mir nicht geheuer, und ich schwebte im helleren Teil weiter, zumal ich in weiter Ferne einen Lichtschein zu erkennen glaubte. Es ging aber plötzlich nicht mehr weiter, das Bild verblasste."

Es folgte wieder Schreckliches:

„Am 19.5. wurde bei einem Verbandswechsel festgestellt, dass das rechte Bein am Abfaulen war. Eine Operation hielt man für aussichtslos. Wie ich später erfuhr, hatte ich, wie man annahm, nur noch ein paar Stunden zu leben. Ich wurde in einem Raum zum Sterben abgelegt. Am nächsten Morgen, es war der 20.5.1945, konnte ich mich doch irgendwie bemerkbar machen, ich kam sofort in den OP, wo mein rechtes Bein oberhalb des Knies amputiert wurde. Von nun an ging es wieder aufwärts, ich hatte keine Schmerzen mehr, konnte mich wieder bewegen.
   Den Tunnelflug habe ich nie vergessen. Es war einfach ein schönes Erlebnis. Begriffen habe ich dieses Erlebnis erst 28 Jahre später."

Das war 1973, als Heinz W. an einer zunächst nicht erkannten „Blinddarm"-Entzündung litt, mit geplatztem Appendix operiert wurde und zusätzlich mit Herzproblemen sowie Gallenbeschwerden infolge von Ärger am Arbeitsplatz zu kämpfen hatte:

„Mir ist buchstäblich die Galle übergelaufen. Weil der Magen keinen Gallensaft angefordert hatte, hat er einfach den Laden dicht gemacht. Jetzt konnte man geeignete Therapien einleiten, und es ging – wenn auch langsam – wieder aufwärts.

Während dieser Zeit hatte ich auch wieder ein wunderbares Erlebnis. Ich war zum zweiten Mal im Tunnel. Ich wusste sofort, es war der gleiche Tunnel wie vor 28 Jahren. Da ich mich ja schon auskannte, beachtete ich den anderen Tunnel, der immer noch dunkel war, nicht. Ich wusste ja noch, dass am Ende des Tunnels ein Lichtschein sein musste. Ich schwebte also dem Lichtschein entgegen, und er wurde immer größer und heller. Ich schwebte bis vor den Ausgang und wurde von einer unbeschreiblichen Helligkeit fast geblendet. Es ging aber plötzlich nicht mehr weiter, ich schwebte vor dem Ausgang auf der Stelle. Ich kann nicht sagen, ob ich vor dem Tunnel einen Garten oder einfach nur einen hellen Raum sah. Was ich aber sah, waren viele Menschen. Ich erkannte vor den anderen stehend meine Eltern, meinen Bruder Helmuth und meinen Schwager Martin Buchs, die beide gefallen sind. Alle anderen habe ich nicht erkannt. Ich weiß aber, sie waren alle freundlich und schienen mich empfangen zu wollen. Aber niemand sagte etwas oder versuchte mich zu berühren.

Ich habe bisher nur mit drei Personen darüber gesprochen. Beide Ereignisse sind so klar in meinem Gedächtnis erhalten geblieben, als wären sie gestern erst passiert. Oft habe ich mich gefragt: War das vielleicht das Licht des ewigen Lebens, von dem in vielen Religionen und Mythen die Rede ist? Ich denke, ja. Mit dem Tag unserer Geburt gehen wir auf dieses Licht zu. Wir haben mehr oder weniger Zeit, uns darauf vorzubereiten. Aber wir sollten es tun, dann würden wir unser Leben bewusster erleben. Oder?

Beim nächsten Mal werde ich den Tunnel verlassen, dann bin ich am Ziel."

Unter Qualen im Gefangenenlager

Franz Lassacher aus Österreich erlebte als zwanzigjähriger Soldat das Kriegsende in Danzig mit, die Bombardierung der Stadt durch die Russen, furchtbare Massaker in den Straßen, dann Gefangenenlager mit schweren körperlichen Arbeiten bei minus 20 bis minus 30 Grad, schlechter Ernährung, Unterbringung ohne Betten und Decken, Misshandlungen, qualvollen Zuständen also. Er magerte auf 35 kg ab und wurde schwer krank. Den schrecklichen Tod eines großen Teils seiner Kameraden vor Augen, schwand auch langsam sein noch vorhandener Gottesglaube dahin:

„Falls ich hier sterben muss, ohne meine Heimat und meine Lieben zu Hause noch einmal zu sehen, geschieht an mir ein derartiges Unrecht, dass ich mit meinem tief verwurzelten Glauben breche. Dann betrachte ich den christlichen Glauben, der bald 2000 Jahre besteht, als den größten Betrug und die größte Lüge an der Menschheit. Das waren damals in diesen schweren Stunden meine Gedanken."

Er erzählt jedoch weiter:

„Kurze Zeit darauf blieb mein Herz stehen. Ich war bei vollem Bewusstsein. In dem Moment trennten sich meine Seele und mein Geist vollkommen schmerzlos von meinem Körper.
Das war am 30. Jänner 1946 im Lazarett. Es war schon dunkel. Dieses Ereignis geschah an meinem 21. Geburtstag. In dieser Todesstunde hatte ich weder Schmerzen noch Angst. Nun wusste ich nicht, was kommen würde. Ich war ja nicht tot, sondern bei vollem Bewusstsein. Ich hatte ja nur meinen Körper verlassen. Plötzlich dachte ich wieder an den Glauben und hoffte, ein Schutzengel oder die Himmelsmutter würde kommen. Aber davon war nichts zu sehen. Ich merkte, dass sich mein Geist, mein eigenes Ich, weiterbewegte. Wie das vor sich ging, konnte ich nicht

wahrnehmen. Es war nun alles anders. Ich hatte keinen Hunger, auch keine Kälte plagte mich mehr, und so kam ich in eine von Nebel bedeckte Gegend, die doch irgendeinen abgegrenzten Raum darstellte.

Das ist alles sehr schwer zu beschreiben, denn es war alles Neuland, das ich da zu sehen bekam. Als ich dann weiter in dieser Gegend schwebte, begegnete ich Menschen, die wahrscheinlich vor mir ihren Körper verlassen hatten und ebenso hierherkamen. Ich hatte den Eindruck, dass auch sie nicht wussten, wie es weitergehen würde.

Die Begegnung mit diesen Menschen war wunderbar. Sie hatten alle eine Art Schattenfigur. Man konnte jeden vom anderen unterscheiden. Auch ich musste so ausgesehen haben. Ich wurde von diesen Menschen so liebevoll, so aufrichtig und mit einer Herzhaftigkeit und Wahrhaftigkeit empfangen, die man sich auf Erden nicht vorstellen kann.

Die Verständigung erfolgte jetzt nicht mehr durch die Sprache, sondern durch die Gedanken. Ich stand oder schwebte, ich finde dafür keinen richtigen Ausdruck, vor diesen liebevollen Menschen. Ich wusste nicht, ob es Russen oder Gefangene waren. Als wir so vereint waren, erblickte ich in weiter Ferne ein Licht, das wie ein kleiner Stern aussah. Das Licht kam sehr rasch näher und blieb vor mir stehen. Ich war verwundert. In diesem Licht war eine sehr schöne männliche Gestalt zu erkennen. Ich konnte den Kopf, den Oberkörper, die Arme und die Brust bis zu den Hüften sehen. Die Füße waren vom Licht, das nicht blendete, verdeckt und nicht zu sehen.

Mein erster Gedanke war: Das ist jemand, der über uns Menschen steht. Es war mir sofort klar, dass es der ‚allmächtige Vater' war, der uns Menschen geschaffen hatte.

Ich fühlte mich derart geborgen und in Sicherheit, dass mir Stalin mit seiner Wehrmacht und seinen Waffen, sollte er sie gegen mich einsetzen, nichts antun konnte, denn ich war im Schutze des allmächtigen Gottes. Davon war ich in dieser Stunde voll überzeugt."

In dieser Gottesvision verharrend, dachte Franz über sein Leben nach, über Gottes Schöpfung, Krieg, Gerechtigkeit, Tod und was danach ist. Seine Vision wandelte sich in eine „trinitarische", aus drei Lichtgestalten bestehende, ehe sie endete. „Wie ich in meinen Körper zurückkam, wusste ich nicht." Neue Hoffnung und neuer Glaube keimten auf.

Heute ist Franz Lassacher ein zufriedener, glücklicher Mensch mit Familie und bekennt sich ausdrücklich zum christlichen Glauben.

„Zur Niederschrift meines Erlebnisses hatte ich mich nur deshalb entschlossen, da mir Gott zu verstehen gab, meine Begebenheit mit ihm meinen Mitmenschen weiterzugeben. Ich bin es dem Schöpfer auch deswegen schuldig, da er mir meinen innigsten Wunsch, die Heimat wiederzusehen, erfüllte."

Die können mich noch nicht gebrauchen

Wie unterschiedlich bei gleichen Grunderlebnissen die Gefühle und Erwartungen sein können, zeigt der folgende Bericht, der auch nicht Liebevolles enthält. Hannelore G. aus der Nähe von Bremen schreibt über das, was sie eines Tages im Jahr 2001 erlebte:

„Ich hatte mit sechzig Jahren einen Unfall, fuhr mit einem Mofa auf einer stark befahrenen Straße. Mitten in einem kleinen Dorf ist es passiert. Ein LKW nahm mich ‚auf die Hörner', ich habe absolut nichts gespürt. Wie lange das dauerte, bis der Rettungswagen kam, keine Ahnung. Der LKW-Fahrer ließ mich liegen und haute ab [Zeugenaussage].

Erst jetzt, nach Jahren, muss ich immer an das Erlebnis denken. Nicht nur an die mit der Schere aufgeschnittenen Kleider, sondern: Es war alles so gelb wie hier das Papier [der verwendete Briefbogen]. Ein Raum, aber irgendwie weder aus Holz noch aus

Stein, wie gelber Nebel, aber doch ganz klar. Ein Geistwesen führte mich in den Raum und bat mich (freundlich) zu warten. Dann war ich alleine. Aus Langeweile sprang ich rum, wie Trampolin. Das Geistwesen kam wieder. ‚So, nun komm bitte mit.' Wir warteten an einer Öffnung, einer Art Türe, diese ging auf, aber nur einen Spalt, dahinter ein anderes Geistwesen, das mit meinem sprach, ich verstand nichts. Als es länger dauerte, hörte ich hinter der Türe: ‚Nein, die können wir noch nicht gebrauchen, die muss zurück.'

Ich hörte es ganz deutlich und die Worte waren nicht gerade liebevoll, eher gestresst. Mein Geistwesen bedauerte das mir gegenüber und meinte, leider müsse ich halt wieder zurück. Danach wachte ich im Rettungswagen auf, und fragen Sie nicht, wie! Die Rippen waren längs der Wirbelsäule wie abrasiert, der ganze linke Brustkorb kaputt. ‚Tot' war ich natürlich nicht."

In einem späteren Brief fügt Frau G. hinzu:

„Außer Schmerzen Enttäuschung, große Enttäuschung, ich hätte den gelben Traum gern weitergeträumt. Keine Angst mehr vor dem Tod, denn es gibt ihn gar nicht ... Ich glaube, wenn man durch die runde gelbe Tür darf, dort geht der Kampf weiter. Nur: Man hat wohl keine Schmerzen mehr. Ich glaube felsenfest, nach dem ‚Tod' geht es nahtlos weiter – aber ein Paradies erwarte ich nicht. Die Zurückweisung ‚... muss zurück' war alles andere als liebevoll, sie war barsch und unnachgiebig. Am Allerletzten glaube ich an ‚Gott' (wenn ja, dann vielleicht als Gesetz, unkörperlich) und was uns die Kirchen lehren ... Ich glaube, wir müssen ‚dort' weiter an uns arbeiten, was wir hier nicht geschafft haben, ich glaube, wir haben die Aufgabe zu wachsen ..."

Die Sehnsucht ist groß

Wie schon bemerkt, brauchen Nahtoderlebnisse nicht in Todesnähe zu geschehen. Der folgende Beitrag von Vera Kühböck aus Österreich dürfte ein Beispiel hierfür sein; trotz Herzproblemen findet sich kein Anhaltspunkt für körperliche Gefahr.

„Es war zirka im Jahre 1982, ich war 26 J. Ich lebte in Wien in einer kleinen Wohnung, Küche, Kabinett, WC am Gang. Es war ein Freitag, denn immer am Freitag war ich total erschöpft von der Arbeitswoche und kam meistens so gegen 14.00 Uhr nach Hause. Meist legte ich mich sofort auf meine Couch und schlief ein. Damals hatte ich öfter Herzprobleme, war oft erschöpft und sehr müde. Ich hatte eine Beziehung mit einem zehn Jahre älteren Mann und war nicht glücklich.

Ich lag auf dem Rücken, mein Bett war weich, aus Schaumstoff, wenn man es ausklappte, war es eine Doppelliege. Plötzlich nahm ich wahr, dass sich jemand sanft auf mein Bett setzte, es sank ein klein wenig ein. Dieser Jemand saß ruhig am Bettrand mit dem Rücken zu mir. Ich sah eine wunderschöne übergroße Wesenheit, mit goldblonden, gewellten Haaren, ein wenig über die Schultern reichend. Gekleidet war dieses Wesen mit einem weißen Kleid, besser, aus weißem, fließendem Stoff. Das Gesicht konnte ich nicht erkennen.

Eine unendliche Liebe zu diesem Wesen erfasste mich, und ich stieg ca. in Höhe meines Brustkorbes, ich denke es war die Herzgegend, aus meinem Körper heraus. Gleichzeitig erhob sich dieses übergroße geliebte Wesen, und ich griff mit beiden Händen an seine rechte Hand und schwebte mit ihm Richtung meiner Zimmertüre. Dabei fiel mir auf, dass das Kleid vollkommen bis hinunter reichte, die Füße konnte ich jedoch nicht sehen, in der Taille war es gegürtet, und die Ärmel waren ganz weit und fließend. So ähnlich wie bei Merlin, dem Zauberer.

Eine unendliche Liebe strömte von diesem Wesen aus, ich war vollkommen in Liebe gebadet. Ein kurzer Blick fiel auf meinen Körper, der reglos am Bett lag, es interessierte mich überhaupt nicht weiter. Ich wollte nur mehr bei diesem Wesen bleiben, egal, wohin es auch gehen würde. Jedoch, zu meiner großen Enttäuschung schwebten wir nicht durch die Türe, es wurde nicht hell, es war äußerst dunkel, und ich nahm eine Stimme in meinem Kopf wahr, die sagte: ‚Deine Zeit ist noch nicht reif.' Ich wollte mich wehren, plötzlich war ich wieder in meinem Körper. Mein Herz raste bis zum Hals. Ich war bitterlich enttäuscht, wieder zurück zu müssen. Dieses Erlebnis ließ mich lange Zeit nicht aus. Ich sehnte mich und sehne mich noch heute nach dieser unendlichen Liebe.

Ich lebe nicht gerne, ich möchte so gerne zurück. Ich lese Unmengen von Büchern, die mir helfen, diese grausame, verachtenswerte Menschheit zu ertragen. Da aber Gott alle Wesen liebt und jedes seiner Schäfchen zurückhaben möchte, darf ich mir kein Urteil über meine Mitmenschen bilden.

Ich hatte auch noch andere Erlebnisse ähnlicher Art, aber so große Liebe empfand ich nie wieder. Die Sehnsucht nach meiner geistigen Heimat ist sehr groß, sodass ich in diesem Leben nicht richtig leben und lieben kann. Schon als Kind hatte ich das Gefühl, nicht hierher zu gehören, mein Blick ging immer Richtung Himmel."

Das Licht war ein Gefühl

Auch das folgende Erlebnis geschah nicht in Todesnähe. Elisabeth R. aus Thüringen, zur Zeit des Berichtes 55 Jahre alt, 36 Jahre verheiratet, zwei Kinder, Übersetzerin und Sprachlehrerin (Tschechisch und Russisch), schreibt darüber:

„*Es war kein Traum, denn Träume sind anders. Ich war auch nicht krank, es war ein ganz normaler Tag, und ich ging, wie immer, gegen 22.30 Uhr zu Bett. Irgendwann nachts ‚spürte' ich, als ob mich jemand herauszieht, es war sonderbar, ich wollte das nicht – aber dann ergab ich mich sozusagen, es war dunkel, ich weiß nicht, ob es ein Tunnel war, irgendwie glitschig, unangenehm, aber ich konnte ja nichts tun. Ich wusste, dass ‚ich' es bin, aber ich sah mich nicht; seltsame Wesen schwebten neben und über mir, sie führten mich und ‚ich' kam in ein unbeschreiblich helles Licht (es blendete nicht). Ich dachte überhaupt nicht an das irdische Leben, das Licht war ein Gefühl wie Geborgensein, wie unendliche Liebe, ich hörte wunderbare Klänge und roch wunderschöne Düfte. Dieses Licht war so unendlich schön, und das Gefühl (aber nicht so ein Gefühl, wie wir Menschen fühlen) so, dass ich eigentlich keine passenden Worte dafür finden kann. Ich oder meine Seele (?) ging weiter und kam zu einem Tal, darüber war Dunst, man sah nicht hinunter, es war irgendwie trübe (kein Licht mehr). Auf der anderen Seite sah ich drei Wesenheiten (ohne Gesichter). Ohne zu sprechen, wusste ich, dass die eine Wesenheit meine Großmutter war, die andere größere Wesenheit meine verstorbene Bekannte, die dritte weiß ich nicht, denn sie sagten (ohne Worte, nur gedanklich), ich solle zurückgehen. Mit einem Ruck, der ziemlich unangenehm war, wusste ich, dass ich wieder in meinem Körper im Bett war. Ich wollte aber wieder zurück und stieß mich mit den Beinen im Bett ab, schloss die Augen und sagte mir, ich will wieder dorthin, aber es ging nicht mehr, und ich war ziemlich verwirrt, erzählte es meinem Mann und meiner Mutter. Alle denken, es war nur ein Traum, aber ich weiß, dass Träume anders sind. Ich denke täglich daran und habe keine Angst vor dem Tod."*

Gerade die letzte Bemerkung unterstreicht noch einmal die Andersartigkeit gegenüber einem Traum: Dass man durch einen solchen die Angst vor dem Tod verliert, ist nicht zu erwarten.

Frau R. fügt noch hinzu, dass sie schon als Kind viele „Visionen" hatte, ihr aber niemand glaubte. Noch eine weitere Sensibilität kommt hinzu:

„Im Traum spreche ich Sprachen, die ich nicht gelernt habe, und ich weiß, dass es etwas gibt, was wir Menschen mit unserem Verstand nicht begreifen."

Doch, du kannst!

Hanny M. aus der Schweiz hatte bereits 1968 ein intensives Nahtoderlebnis. Es ist ein glücklicher Umstand, dass sie damals ihr Erleben aufgezeichnet hat, in einer Zeit, als die breite Diskussion über derartige Extremerfahrungen, wie sie Moody und andere in den Siebzigerjahren in Gang gesetzt haben, noch nicht angestoßen war. Wir geben es unverändert und ungekürzt wieder:

„Angesichts der Geburt meines jüngsten Kindes hatte ich ein eindrückliches Erlebnis, das ich hier aufschreiben möchte.
Die Schwangerschaft verlief nicht unproblematisch und war eigentlich für meinen physischen Zustand eine Herausforderung. Es war das fünfte Kind, und meine Nieren sind nicht sehr belastbar. Also hielt ich die neun mühsamen Monate durch mit dem festen Entschluss, dass es das letzte Mal sei, da ich gleich nach der Geburt unterbunden würde. Nur dieser Gedanke ließ mich durchhalten, obwohl ich mich auf das Kind freute. Doch mit jedem Tag wurde die Belastung größer, und ich erwartete fast nur noch apathisch die Geburt und damit die Besserung. In diesem Zustand der totalen Erschöpfung kam ich ins Spital, wo auch die Geburt sehr schnell ging und man mich zur Operation vorbereitete.
Der Arzt beschloss Lokalanästhesie mit Schnitt direkt unter dem Nabel. Ich war bei vollem Bewusstsein, als der Arzt den Schnitt ausführte, der mich absolut nicht schmerzte, und ich ihn scherzend fragte, ob er jetzt mein Hemd zerschnitten hätte. Ihm war nicht nach Scherzen zumute, und er fachsimpelte mit den Assistenten und der Anästhesistin. Nach kurzer Zeit fühlte ich

mich nicht mehr wohl. Ich fühlte zwar keine Schmerzen am Leib, aber ein unangenehmes, unbekanntes Gefühl wurde immer stärker und unerträglicher. Es wurde scheußlich unangenehm, aber ich weiß nicht, was es war, ich glaubte nur, das nicht länger auszuhalten.

Plötzlich empfand ich mich wie auf einer Schwelle oder wie an einer Öffnung. Vor mir war das Nichts, ein unbegrenzter, endloser Raum. Ich wusste, ich brauche nur einen Schritt zu machen, diese Schwelle zu ‚überschreiten', und ich hatte es geschafft. Zwar war nach der Schwelle das Bodenlose, aber ich musste ja auch nicht mit Füßen auftreten. Ich war schwerelos und körperlos. Ich war mir plötzlich klar, dass dieser Schritt mich von allen Sorgen erlösen würde, aber ich wusste auch, dass es kein Zurück mehr geben würde. Es war unwiderruflich. Hier an der Schwelle war der Zustand ein überwältigendes Gefühl. Total losgelöst von jeglichem Schmerz-, Schwere- oder Körpergefühl. Ich fühlte mich wie in einer total schützenden Kugel in absoluter Geborgenheit. Nie zuvor habe ich je ein ähnliches totales Glücksgefühl erlebt. Und das in einer Totalität, die unvorstellbar und unbeschreiblich ist. Es ist wie Liebe, ein ganzes Meer voll, unverdünnt, wovon wir während eines ganzen Lebens vielleicht einige Tropfen erhalten. Nie war mein Empfinden und Denken so klar. Mit dem Körpergefühl war auch das Nebelgefühl im Hirn weg. Ich musste nicht mühsam eins ums andere denken. Ich bin mir nicht sicher, ob gewisse Empfindungen gleichzeitig wie vielschichtig waren oder ob sich eines nach dem andern abspielte.

Auf alle Fälle hatte ich keinen Zweifel daran, dass ich mich im Sterben befinde. Ich empfand mein ganzes Leben abgerollt vor mir. Alle Empfindungen, die ich je hatte, mit derselben Intensität, aber nur Bruchteile von Augenblicken. Ich sah alles in absoluter Ehrlichkeit und Offenheit, nichts gab es zu vertuschen oder zu verdrehen. Am Schluss eine kurze Bilanz. Keinerlei Vorwürfe. Ich hatte meine Pflichten zwar erfüllt, aber leider auch nicht mehr. Es war, wie wenn man ohne Schulden ist, aber auch kein Kapital hat, um es einzusetzen.

Was jetzt kam, ist sehr schwer in Worte zu fassen. Ich wäre zwar akzeptiert worden, aber ich sah mich ganz unten mit meinen Möglichkeiten und hätte keine Chancen gehabt, das zu verbessern. Das hat man nur in dem Leben mit dem Körper. Es ist etwa so wie mit einem Samen. Habe ich nur den Samen einer Gurke, wächst daraus nie ein Kirschbaum. Ich habe nur im Körper die Möglichkeit, einen Kirschenstein zu beschaffen. Symbolisch gesagt sah ich das so. Es war zwar wahnsinnig verlockend, den Schritt zu tun, aber gleichzeitig sah ich die enormen Möglichkeiten, hätte ich anderen ‚Samen' gehabt.

Ich war auf der Kippe, soll ich, soll ich nicht. Ich wollte die ganze Verantwortung der Entscheidung abschieben und sagte mir, ja wenn Gott es so wollte, hätte ich ja gar keine andere Wahl mehr. Ich hätte nur noch einen letzten Wunsch. Und ich sprach mit Gott in mir, so wie ich es oft vorher getan habe, wenn ich einen Wunsch hatte. Ich war ganz sicher, dass mir der letzte Wunsch erfüllt würde, davon war ich überzeugt.

Also wünschte ich mir, dass meine Kinder einen vollwertigen Ersatz für mich erhalten würden. Da antwortete mir mein Oberbewusstsein oder Gott oder mein höheres Ich: ‚Das gibt es nicht, wenn du das willst, musst du selbst zurück.' Ich versuchte es mit der Entschuldigung, ich sei ja schon so weit und könne doch von hier nicht mehr zurück. Da kam die ganz energische Antwort: ‚Doch, du kannst.' ‚Aber wie denn?' fragte ich eingeschüchtert. ‚Du musst nur wollen', war die Antwort. Ich merke, dass die Zeit unheimlich drängt, glaube aber nicht daran, etwas tun zu können, zweifle noch. Ich darf keine Sekunde mehr verlieren. Also sage ich: ‚Gut, ich will.' Und das fest entschlossen.

Bis zu diesem Punkt habe ich nur Gedanken und psychische Empfindungen gehabt. Absolut keine körperlichen Reaktionen. Da, auf meinen letzten Gedanken hin – ich will – strömt Kraft auf mich zu von allen Seiten, von den äußersten Gliedern nach innen, um sich in einem Zentrum zu ballen. Ich war über und über voll von dieser Kraft, die, wie mir schien, unerschöpflich war. Staunend stellte ich fest, dass ich diese Kraft zur Verfügung habe. Noch beginne ich nicht, den Körper zu spüren, aber das Erste, das ich wahrnahm, war die Stimme einer Assistentin, die recht besorgt zum Arzt sprach: ‚Was bedeutet denn das nun wieder, wieso reagiert sie so?' Und der Arzt antwortete ihr: ‚Das ist nur eine Ekstase.' (Ich hatte damals keine Ahnung, was das ist.) Jetzt begann ich wieder den Körper zu spüren und bemerkte, dass ich die Fuß- und Handgelenke, die ja während der Operation angeschnallt sind, sehr stark drehte. Ich hörte sofort damit auf, als ich es wahrnahm. Vielleicht hat das mitgeholfen, meinen Kreislauf wieder in Gang zu bringen. Bald danach sagte die Assistentin: ‚Jetzt beginnt der Puls auch wieder zu steigen.' Und der Arzt antwortet darauf, wenn er so und so viel erreicht hat (ich erinnere mich nicht mehr an die Zahl), können Sie spritzen zur Narkose. Ich bekam also trotz der vorgesehenen Lokalanästhesie eine Vollnarkose. Nach dem Einstich war ich total bewusstlos, und bei meiner nächsten Wahrnehmung war ich wieder in meinem Spitalzimmer, und mein Mann und meine vier Kinder standen ums Bett und kamen mich und das jüngste Geschwisterchen besuchen.

Gerne hätte ich nachher den Arzt gefragt, was passiert sei, aber ich hatte das Gefühl, dass ich keine ehrliche Antwort bekommen hätte, darum ließ ich es bleiben. Und dann war ich noch so überwältigt von dem Erlebnis, und ich glaubte, dass nie jemand mir das glauben würde, denn ich hatte damals noch nie etwas Ähnliches gehört.

Ich hatte den festen Eindruck, dass ich mich nie mehr mit so lächerlichen Sachen wie Geldproblemen abgeben könnte, ich wusste, es gibt viel Wichtigeres. Doch schon bald wurde dieses Empfinden vom Alltag so langsam wie mit Sediment zugedeckt, wovon ich mich zuerst wieder befreien muss. Mit dem Körperbewusstsein sind auch alle Pflichten, Arbeiten und Sorgen zurückgekommen, und vor allem begann für mich ein Suchen nach dem Wichtigeren. Ich habe jetzt doch eine Ahnung, was hinter dem Sediment liegt, und bemühe mich immer wieder, danach zu graben."

Auf meine Rückfrage hin, was seither geschehen sei, bemerkt Frau M.:

„... *ich habe sehr viel nachgedacht und wusste nicht, wie heftig ich mich in diesen letzten vierzig Jahren nach der Erfahrung verändert hatte.*"

Sie berichtet von einem sehr bewegten Leben. Die ersten Reaktionen auf ihr Erlebnis waren von Ablehnung und Unglauben geprägt, sodass sie nur mit ausgewählten Menschen darüber sprach. Die innere Auseinandersetzung mit dem Erlebten wurde durch die starken Anforderungen der Familie überlagert, ihre Ehe litt an den Veränderungen und scheiterte schließlich. Als die Kinder groß waren, hatte sie ein „riesiges Verlangen nach Reisen" und konnte sich dieses erfüllen.

„*25 Jahre lang reiste ich mit Flug, Bus oder eigenem Auto um die halbe Welt mit Kamera und Fotoapparat.*"

Hinzu gesellte sich ein Drang zum Kreativen, der sich in der Anfertigung von Puppen und Puppenstuben niederschlug und allmählich zum Schwerpunkt wurde. Ein Leitfaden scheint sich durch alles hindurchgezogen zu haben, der in folgenden Bemerkungen deutlich wird:

„*Das Wichtigste aus der Nahtoderfahrung war für mich das Wissen, dass ich für alle meine Gedanken Verantwortung zu übernehmen hatte. Und daran arbeite ich immer noch und habe dauernd das Gefühl, nicht zu genügen ... Ich habe zwar absolut keine Angst vor dem Sterben, aber ich mache mir nur Sorgen, ob ich auch meine Zeit richtig benutze, die ich noch habe. Aber ich bin jeden Tag dankbar, dass ich noch hier sein darf.*"

Versucht, mir das Leben zu nehmen

Frau F. hatte ihre Nahtoderfahrung vor dreißig Jahren. Im rückblickenden Erinnern daran sind ihre Empfindungen zerrissen zwischen einem Gefühl des nicht „Normalen" und tiefster Dankbarkeit für das Erlebte.

„Ich bin mit meiner Zwillingsschwester und einem neun Jahre jüngeren Bruder in schwierigen Familienverhältnissen aufgewachsen. Mein Vater hat in diesen Jahren sehr stark getrunken. Heute ist er ein trockener Alkoholiker, und in den vergangenen Jahrzehnten und vielen, vielen schmerzvollen Aufarbeitungen habe ich ihm das alles verzeihen können, und wir haben heute ein gutes Verhältnis zueinander. Warum schreibe ich Ihnen das?

Ich bin ein religiöser Mensch. Von klein auf habe ich zu Gott gebetet in der Hoffnung, dass er mich und meine Geschwister aus dieser unerträglichen Familiensituation ‚befreit'. Meine Eltern haben uns nicht christlich erzogen. Zwar bin ich katholisch getauft und zur Kommunion gegangen; das waren allerdings auch die einzigen christlichen Erziehungsmaßnahmen meiner Eltern.

Als die Situation zu Hause für mich unerträglich wurde, meine Zwillingsschwester und ich bereits das Zuhause verlassen hatten und für kurze Zeit bei einer Pflegefamilie wohnten, habe ich versucht, mir das Leben zu nehmen. Das macht es mir heute besonders schwer, darüber zu sprechen. Und es passt natürlich auch nicht in das religiöse Bild, welches mir als Kind beigebracht wurde. Selbstmörder kommen nicht in den Himmel.

Wie dem auch sei: Ich habe damals, mit knapp 17 Jahren, Unmengen an Medikamenten geschluckt, eine Kombination, die unbekannt war, und das Ärzteteam hat meinen Eltern und meiner Schwester mitgeteilt, dass es überhaupt nicht abzuschätzen sei, ob ich überleben würde. Das habe ich natürlich erst viel später erfahren.

Für mich sind die folgenden Erinnerungen entscheidend: Zum einen hat meine Zwillingsschwester, die (neben meiner eigenen jetzigen Familie) mir die wichtigste Person in meinem Leben ist, mich damals gefunden. Und sie hat so entsetzlich geschrien, dass ich es bis heute nicht vergessen habe. Das ist wichtig, weil es für die Nahtoderfahrung eine Rolle spielt.

Ich kann mich überhaupt nicht daran erinnern, wie lange ich in diesem Krankenhaus gewesen bin.

Ich habe einen Tunnel gesehen und ein wunderschönes helles Licht am Ende. Unendlich schön. Mit keinem Licht vergleichbar, welches es hier auf Erden gibt. Und es waren Liebe und Güte da. In reinster Form. Und Frieden. Pur. Es gibt nichts Vergleichbares, und es ist äußerst schwierig, es mit dem sprachlichen Vokabular zu beschreiben. Es war unendlich schön und verlockend. Es hat mich richtig angezogen. Ich hatte überhaupt keine Angst, und es gab auch gar keinen Grund dafür. Ganz im Gegenteil. Ich war so unbeschreiblich glücklich in der Nähe dieses Lichtes, voller Frieden.

Und dann konnte ich mich entscheiden. Eine unausgesprochene Wahl: Entweder ich durfte zur Erde zurück, oder ich könnte ins Licht kommen.

Ehrlich. Für mich war das ganz einfach. Ich wollte unbedingt und unter allen Umständen zu meiner Schwester zurück. Ich war fest davon überzeugt, dass sie es ohne mich nicht schaffen würde, weiter zu leben.

Aber seit dieser Erfahrung fürchte ich mich selbst nicht mehr vor dem Tod. Ich habe schon noch Angst, andere zu verlieren, z. B. meine Kinder, meinen Mann. Obwohl ich davon überzeugt bin, dass es ihnen gut gehen würde und der Tod nicht das Ende bedeutet, wäre für mich der Verlust hier auf Erden enorm."

Nach Entlassung aus dem Krankenhaus war Frau F. noch „ganz durcheinander" von dem Erlebnis und wagte kaum, darüber zu sprechen. „Meiner Schwester und meiner Cousine, die mich damals abholten, habe ich davon erzählt (zaghaft) und dann jahrzehntelang geschwiegen" und „mich all die Jahre ganz allein damit gefühlt". Erst durch eine türkische Journalistin, die auch ein Nahtoderlebnis hatte, lernte sie dieses Stichwort und einige Hintergründe kennen. Wenn auch die Tatsache des Selbstmordversuchs Frau F. noch zu schaffen macht, so kommt sie doch zu einem positiven Fazit:

„Ich war einfach so jung und unerfahren und so unglücklich. – Wenn ich diese Erfahrung nur für mich nehme und alle Möglichkeiten der ‚Beurteilungen/Verurteilungen' von ‚außen' beiseitenehme, empfinde ich es als Gnade, ein Geschenk Gottes. Er hat mir mein Leben ein zweites Mal geschenkt."

Indessen ist sie schon in den Achtzigerjahren aus der katholischen Kirche ausgetreten, weil sie „damals mit vielen Aussagen der Kirche gehadert" hat. Erst neuerdings fand sie eine Heimat in einer anderen christlichen Gemeinschaft.

Schöner als alle Symphonien

Bei den meisten Nahtoderfahrungen werden neben den Lichterlebnissen musikalische Erlebnisse oder gar Geruchseindrücke eher nebenbei erwähnt. Das ist im zweiten der beiden folgenden Berichte von Herrn S. aus Franken anders; Musik spielt eine etwa gleichwertige Rolle.

„Meine ersten Erlebnisse reichen ins Jahr 1981 zurück, als ich an der VHS Nürnberg einen Kurs über Autogenes Training besuchte. Man sollte auch möglichst täglich üben. Nach gut der Hälfte des Kurses sah ich mich während solch einer Übung nach einer Weile aus circa sieben Metern Höhe rechts circa fünf Meter seitlich ruhig auf dem Bett liegen, was mich zuerst etwas überraschte, aber zutiefst beruhigte und befriedigte. Das dauerte vermutlich eine gute Minute, bis mein Bewusstsein wieder in meinen Körper zurückkehrte. Etwa ein Jahr später hatte ich bei der Übung, in

mich zu kehren, man kann es auch als Meditation bezeichnen, ein noch intensiveres Erlebnis. Nach einer Weile erschien mir im Dunklen ein intensives rotes Licht, ähnlich der untergehenden Sonne. Als ich mich dem Licht näherte, wurde es außen kräftig leuchtend rot, und nach innen entwickelte sich ein goldfarbener, intensiv leuchtender Glanz. Fast noch beeindruckender war der mit dem Näherkommen sehr laut werdende polyphone Klang, viel schöner als alle Symphonien. Der Klang hörte sich an wie melodische Pauken, Orgeln, Trompeten und der Klang vieler klassischer Orchester, alles scheinbar ungeordnet erklingend, aber unbeschreiblich beeindruckend und schön, wie das Licht. Beides erfüllte mich ganz. Elemente der Musik erkenne ich am Beginn der Symphonie ‚Also sprach Zarathustra' von Richard Strauss und der Orgelsymphonie von Saint-Saëns wieder. Ich fühlte mich eine Weile zutiefst glücklich und zufrieden. Dann entfernte sich das Licht, und der Klang verstummte, als mein Bewusstsein wieder ganz im Körper zurück war. Auch danach war ich zutiefst glücklich und zufrieden. Vieles sehe ich nicht mehr verbissen, und der Tod ist für mich nichts mehr, was ich zu fürchten habe"

Es wäre voreilig, der Musik von Strauss oder Saint-Saëns eine besondere Affinität zu Nahtoderlebnissen zuzuweisen. Herr S. ist ausgeprägt musikalisch und bevorzugt klassische sowie romantische Musik. Über die Rolle des Biografischen in Nahtodvisionen werden wir noch zu reden haben. Hinsichtlich Religion sei schließlich erwähnt, dass Herr S. schon mit 19 Jahren die katholische Kirche verließ, sich für östliche Religionen interessierte und heute zum Buddhismus tendiert.

Die Farben waren unbeschreiblich intensiv

Den folgenden Bericht erhielt ich im April 2009 von Helga W. Mit angestoßen wurde das Schreiben durch den Tod ihres Mannes im Januar zuvor.

„In meinem 28. Lebensjahr (dieses Jahr werde ich 55) hatte ich ein Nahtoderlebnis/außerkörperliche Wahrnehmung. Zu diesem Zeitpunkt hatte ich ‚von solchen Dingen' noch nichts gehört oder gelesen und mich auch nicht damit beschäftigt. Der Sinn des Lebens und ein Leben nach dem Tod dagegen waren immer Themen, die mich stark interessierten, und ich hatte über Jahre den brennenden Wunsch, zu erfahren, dass das, was ich mir über Gott und das Leben und das Leben nach dem Tod vorstellte, Hand und Fuß hatte und nicht nur Wunschdenken meinerseits war. Ich wurde weder religiös erzogen noch war Gott in unserer Familie Gesprächspunkt, lediglich ich hatte in mir die Gewissheit, dass Gott und ein Leben nach dem Tod existent sind. Meine Erfahrungen im alltäglichen Leben und das Verhalten mancher Mitmenschen veranlassten mich immer wieder, zu hinterfragen. So entstand dieser drängende Wunsch nach Bestätigung von oben. Zu dem Zeitpunkt dieses Erlebnisses ging es mir rundherum gut. Mein Leben verlief positiv, ich war gesund, harmonisch und ausgeglichen und hatte nicht das Gefühl, es wäre etwas nicht stimmig. Eines Nachts wachte ich auf, fühlte mich komisch und vermutete, dass der Kreislauf abgesackt war. Ich wollte aufstehen und ein Glas Wasser trinken und merkte, dass ich nicht normal gehen konnte. Ich schwankte hin und her, am Türrahmen fiel ich extrem wuchtig von einer Seite auf die andere, sodass ich nichts verharmlosen konnte. Vom Kopf her war ich völlig klar, konzentriert, und registrierte das Geschehen erstaunt und völlig angstfrei. Ich ging ins Bad, ließ kaltes Wasser über meine Unterarme laufen und wusste, irgendetwas spielt sich hier ab. Ich wollte schnell zurück ins Bett. Auf dem Weg dorthin kam ich ans Fenster. Ich blieb vor dem Fenster stehen und spürte plötzlich, wie ich aus meinem Körper ging und rechts neben meinem Körper stand. Dann überschlugen sich die Ereignisse. Ich konnte sehen, erkennen, mich wegbewegen, empfinden und wissen, praktisch alles auf einmal. Ich sah aus dem Fenster hinaus und nahm eine grüne Wiese mit einem Baum in der Mitte mit roten Äpfeln wahr und wusste, das ist mein Lebensbaum. Ich war überrascht, wie viele schöne, gute

Jahre ich vor mir hatte. Die Farben waren unbeschreiblich intensiv, und der Friede, den ich empfand, mit nichts zu vergleichen. Gleichzeitig war ich etwas irritiert, weil mir klar war, dass ich mich in meiner Wohnung befand, die Dächer der Häuser auf der gegenüberliegenden Straßenseite sehen müsste und das, was ich da wahrnahm, eigentlich nicht sein konnte. In Sekundenschnelle bewegte ich mich kilometerweit weg und erkannte eine Mauer und dahinter eine Steinstadt und ich war erstaunt, dass es Verstorbene gibt, die in einer solchen Stadt wohnen. Gleichzeitig erkannte ich rechts oben einen hellen Lichtstrahl, der mich immer mehr und mehr anzog und dem ich mit einer ungewöhnlich starken Sehnsucht entgegengehen wollte. Ich wusste, in dieses Licht zu kommen war schöner und erfüllender als jede noch so tolle Liebesbeziehung auf der Erde, und zu diesem Licht zu gelangen ist die vollendete Erfüllung. Jetzt war mir klar, was das Halleluja und Jauchzen bedeutete, das ich immer als ein wenig übertrieben und auch manchmal fanatisch religiös empfand. Ich wusste, so hoch und rein und beseelt können wir Menschen auf Erden gar nicht sein. Es war mir auch klar, dass der Körper nur Hülle ist, die Seele/der Geist das wirkliche Ich, das, was den Menschen ausmacht, und dass wir tatsächlich alle nur etwas lernen sollen und das wirkliche Leben sich nach dem Tod abspielt. Ich hatte einfach ein Wissen und Erkenntnisse und die Bestätigung, die ich mir immer wünschte. Ich wollte unbedingt zu dem Licht und wusste, dazu müsste ich die Blumentöpfe von der Fensterbank nehmen, das Fenster öffnen und hinaussteigen, das erschien mir körperlich zu schwer. Es war auch eindeutig, dass ich dann auf die Straße fallen würde, alle hätten gedacht, ich wollte meinem Leben ein Ende setzen; der Kummer, den ich meiner jüngeren Schwester damit bereitet hätte, hielt mich zurück, weil ich ihr ja nicht hätte erklären können, was ich erlebt hatte. In diesem Moment ging ich wieder zurück in meinen Körper, fühlte mich schwer und unwahrscheinlich müde und wusste, ich kann am nächsten Tag nicht zur Arbeit, ich würde bis abends um 17.30 Uhr schlafen, um mich zu regenerieren. Ich wollte eine gute Freundin anrufen, damit sie mich am nächsten Morgen beim Chef als krank melden konnte, was ich auch tat. Ich merkte, ich konnte nur ganz schwer und in großen Abständen sprechen, lehnte radikal den Notarzt ab, gab ihr die Telefonnummer und nahm ihr das Versprechen ab, abzuwarten, bis ich mich wieder bei ihr meldete."

Nach einem vergeblichen Versuch, durch „geistiges Fallenlassen" wieder in das Licht zurückzukehren – mit einem körperlich spürbaren Erlebnis der Zurückweisung –, schlief Helga schließlich bis genau 17.30 Uhr am nächsten Tag durch. Hier noch einige Zitate aus einem Antwortbrief auf Fragen; sie weisen auf die Tiefe des Erlebens und auch eine allgemeine Sensibilität von Frau W. in Grenzbereichen unserer Wahrnehmung hin:

„Was für mich sehr auffällig war, war die Schwere des Körpers (nachdem ich wieder in ihn hineinging) und die unwahrscheinlich extreme Müdigkeit und dieses Wissen, dass ich bis zum nächsten Tag 17.30 Uhr durchschlafen würde, was dann ja auch so geschah. Ich ging ja dann zu meinem Hausarzt, weil ich an mir zu zweifeln anfing (obwohl ich andererseits einfach nur wusste, dass ich habe ‚hinüber' schauen dürfen, anders kann ich es nicht sagen). Dem Arzt hatte ich einen Teil erzählt, und seine Meinung war, ich sei dem Tod von der Schippe gesprungen (deshalb benutze ich auch die Bezeichnung ‚Nahtoderlebnis'). Auf meinen Hinweis, dass ich doch keinerlei gesundheitliche Beschwerden hatte und mich gerade das letzte Vierteljahr besonders wohl und gesund fühlte, meinte er, es gibt halt Menschen, die solche Situationen erleben, erleben dürfen. Ich wusste nicht sehr viel damit anzufangen, war allerdings beruhigt, dass er so reagiert hatte. Danach trug ich dieses Erlebnis wie einen Schatz mit mir herum und erzählte es erst, wie bereits erwähnt, nach fünf Jahren ... Und mein Leben veränderte sich dahingehend, dass ich öfters Dinge wahrnahm, die ich eigentlich nicht als normal einordnen konnte. So ‚hörte' ich mein Radio Musik spielen, obwohl es nicht an war und auch nachdem ich den Stecker gezogen hatte, ich bekam Klopfzeichen und auch immer mehr Wissen darüber, wie sich Situationen entwickeln oder Menschen sich verhalten. Eine Frau sagte mir dann einmal, ich sei hellwissend, hellhörend und sensitiv. Ich war immer ein sehr nachdenklicher Mensch und habe alles getestet und überprüft und bin zu dem Schluss gekommen, dass ich einfach sehr viel feinfühliger war als andere. Als Kind spürte ich, wenn jemand log, und wusste ab und zu auch, wie Orte aussehen, an denen ich noch nie war. Ich wurde allerdings immer als sehr fantasievoll abgewertet und habe dann nicht mehr darüber gesprochen. Mit 21 Jahren fuhr ich in Urlaub ins Salzburger Land und wusste beim Verlassen des Busses, wie die dortige Kirche von innen aussah, obwohl ich dort auch zum ersten Mal war. Nach ein paar Tagen getraute ich mich in die Kirche hinein und war schockiert, dass sie tatsächlich so aussah, wie bei der Ankunft vermutet. Es sind solche Einzelheiten, die einem dann wieder einfallen, wenn sich etwas Neues ereignet, es sind ja alles Dinge oder Begebenheiten, die andere als nicht normal betrachten, und darn spricht man eben nicht darüber. Ich denke, dass heute mit solchen Ereignissen einfach offener umgegangen wird und sie auch häufiger als vermutet vorkommen."

Ich wollte nicht in meinen Körper zurück

Bei Petra V. aus Österreich stand ihre Nahtoderfahrung von 1998 am Anfang eines schweren Lebenswegs, den sie noch zu gehen hat.

„Ich war im achten Monat schwanger, da sagte mein Mann, dass er mich verlassen würde (was er beim zweiten Kind tat) ... Ich wachte am Morgen auf und biss mir in die Zunge. Dann kam der Rettungswagen. Ich weiß nicht, wie lange ich dalag. Ich hörte den Arzt sagen, dass ich sterbe. Ich sah wunderbar schöne Regenbogenfarben und ein helles Licht; das war so wunderbar. Ich *wollte zum Licht. Ich sah mich von der Decke aus im Bett. Es war keiner da. Dann spürte ich Tobias zappeln. Ich wollte nicht in meinen Körper zurück. Doch der Schmerz und die Kindesbewegung holten mich zurück. – Als ich aufwachte, kam eine Schwester. Ich war drei Tage im Koma gewesen."*

Man kann annehmen, dass zwischen der Bemerkung des Arztes, dem Schwebeerlebnis, bei dem niemand anwesend war, und der „Rückkehr" jeweils beträchtliche Zeiträume verstrichen. Über die Folgezeit schreibt Frau V. weiter:

„Ich war wie im Traum. Die Realität machte mir zu schaffen. Konnte mit niemandem darüber reden. Mein Hausarzt sagte, dass ich einen epileptischen Anfall hatte. Es beschäftigte mich weiter. Ich erzählte es auch Tobias. Nun, nach elf Jahren, habe ich schon zweimal versucht, mir das Leben zu nehmen. Erst als ich im Dezember 2008 das Buch las [ein Beitrag von mir], wo so viele das Gleiche erlebt haben, dachte ich, dass ich nicht verrückt bin. Habe so Sehnsucht, dass ich am liebsten wieder so eine Todesnähe möchte. Habe keine Angst vor dem Tod. Habe nur Angst um meine drei Kinder."

Die Kinder sind in einem Pflegeheim untergebracht, was offensichtlich mit Traumata von Frau V. zu tun hat, die teilweise klinisch angegangen wurden. Die Annahme des Hausarztes, dass Epilepsie im Spiel ist, könnte auf einem Vorurteil beruhen. Ein Psychiater reagierte anders:

„Der meinte nicht, dass ich eine Epilepsie hatte, [allerdings] schon gar nicht eine Todeserfahrung. Die hätte man bei einem schweren Unfall. Meine Fantasie sei mit mir durchgegangen. Und die Schwangerschaft sei schuld. Ich fühlte mich nicht verstanden. Ich müsse das Gefühl, die Sehnsucht vergessen und die Realität sehen."

Wir verfolgen hier das Ergehen von Frau V. nicht weiter. Dass sie sich „mit Medikamenten vollgepumpt" und nicht richtig behandelt sieht, stimmt nachdenklich und dürfte nicht unerheblich mit Unverständnis gegenüber ihrer Nahtoderfahrung zusammenhängen.

Einmaliger Traum

Norbert Franizek aus dem Rheinland berichtet von einem kurzen, aber eindringlichen Nahtoderlebnis Anfang der Siebzigerjahre:

„Ich stand in der Blüte meines Lebens, gute vierzig Jahre jung, da erwischte mich eine schwere Erkältung. Hohes Fieber fesselte mich für längere Zeit ans Bett. Auch Wadenwickel ließen die Temperatur nicht sinken. Da rief meine Frau unsere Hausärztin, die noch am späten Nachmittag erschien. [Sie verschrieb ein Medikament, das der Kranke schnellstens einnehmen sollte.] Im Morgengrauen wurde ich wach und versuchte ein Erlebnis zu deuten, das mir gerade widerfahren war. Es konnte nur ein Traum gewesen sein, ein einmaliger Traum. Ich träumte, ich habe neben meinem Bett gestanden und eine Weile auf mich herabgeschaut. Ich sah mich in der Dämmerung, wie ich so dalag. Ich erinnere mich gesagt zu haben: ‚Lege dich doch wieder zu ihm' oder ‚zu mir!'

Als ich erwachte, fror es mich sehr, und ich zog meine Zudecke über die Schultern. Ich deutete dies immer als einen ganz ungewöhnlichen Traum, sprach aber mit niemandem darüber, auch nicht mit meiner Frau, weil man mich ausgelacht hätte.

Was ich da erlebt hatte, gab mir die Bestätigung, dass mein Leben mit dem Tod nicht beendet ist, dass ein Dasein nach dem irdischen Ableben wie auch immer existiert."

Man kann nicht beweisen, dass es sich um mehr als ein Traumgeschehen handelte. Dennoch gibt es bedenkenswerte

Anzeichen dafür. Herr F. hatte, wie er erst später erfuhr, eine schwere Lungenentzündung, und die Medikamente waren ungewöhnlich stark. Man kann annehmen, dass er an der Schwelle des Todes stand. Auch die präzise Erinnerung und nachhaltige Wirkung sind bei einem Traum selten. Vor allem aber ist die gewonnene Bestätigung dafür, dass es ein Leben nach dem Tod gibt, eine ureigene Erfahrung, die über einen Traum hinausweist. Es besteht also genügend Anlass, das Erlebnis in die Außerkörpererfahrungen mit spiritueller Tiefe einzureihen.

Ich gehe jetzt weg

Peter Bündgens aus dem Rheinland, 64 Jahre, schreibt: *„Auf Grund eines sehr schweren Herzinfarktes am 23.11.2005 gegen 2:00 h wurde bei mir eine Katheterisierung der versorgenden Gefäße vorgenommen, um ggf. eine Öffnung zu erreichen. Dabei erlitt ich ein sogenanntes Kammerflimmern. Ich leide jedoch auch an beidseitigem Impingement-Syndrom, das oft heftige Schmerzen verursacht. So auch bei der Katheteruntersuchung. Da man dabei die Arme über den Kopf nach hinten halten muss und die ganze Untersuchung über 2½ Stunden dauerte, wurden die Schmerzen unerträglich. Plötzlich jedoch war alles anders, eine wohlige Wärme stieg in mir auf, alle Schmerzen waren weg und ich hatte den Drang, ich müsse ‚irgendwo' hingehen! Ich hatte zwar das Gefühl, dies bedeutet sterben, aber so konnte ich es einfach nicht benennen. Angeblich soll ich zu dem Ärzteteam gesagt haben: ‚Ich gehe jetzt weg!' Ich selbst glaubte die Frage eines Arztes gehört zu haben, wohin ich denn gehen wolle. ‚Weg!' soll ich nur noch geantwortet haben, und im selben Augenblick wurde angeblich ‚erst' das Kammerflimmern entdeckt und mittels Defibrillation beendet. Interessant war noch, dass diese Wärme anscheinend aus einem Licht erwuchs. Allerdings schien es nicht am Ende eine Tunnels, sondern irgendwie in mir zu sein. Aus diesem*

wohligen warmen Gefühl holte man mich in die schmerzerfüllte Gegenwart zurück. Ich wurde richtig böse!
Nun, in der Zwischenzeit habe ich einen Defi implantiert bekommen, eine Bypassoperation wurde nötig und ein Großteil meiner Herzhinterwand ist defekt. Aber trotz aller Schmerzen, langer Krankenhausaufenthalte, was mir in Erinnerung blieb und mich bis heute beschäftigt, ist dieses Erlebnis während des Kammerflimmerns. War das also nur ein Vor- oder bereits ein Nahtoderlebnis?"
Die Antwort dürfte sein: Es war ein einwandfreies Nahtoderlebnis. Peter Bündgens ergänzt, es war *„einfach trotz schmerzhafter Untersuchungen ein schönes, beruhigendes Erlebnis und hat mich auch menschlich sehr verändert. Da muss einfach danach noch etwas sein ..."*

Eine nette Anekdote sei angefügt: *„Drei Tage vor dem Infarkt habe ich gebetet und Gott um Hilfe gebeten, mir doch bitte bei der Rauchentwöhnung zu helfen. Als ich erkannte, dass ich einen Infarkt hatte, schoss mir als Erstes durch den Kopf: „Lieber Gott, so habe ich das aber nicht gemeint!"* – Die Entwöhnung klappte.

Gemeinsame Lichtvision

Nahtoderfahrungen sind Erlebnisse einzelner Menschen, wenngleich Begegnungen mit Verstorbenen gelegentlich als Teil des Erlebens berichtet werden. Die Individualität des Geschehens betont einerseits das Gewicht, das jedem einzelnen Leben zukommt, bringt aber auch ein nicht nur positiv zu wertendes Alleinsein mit sich. Umso mehr ist es zu begrüßen, dass Ausnahmen existieren, wie die beiden nächsten Berichte zeigen. Birgit B., Juristin, erzählt ein Erlebnis aus dem Jahr 1965, das sie, fünf Jahre alt, gemeinsam mit ihrem 3¾-jährigen Bruder Dirk hatte. Sie liebte Dirk sehr. Dieser hatte Down-Syndrom, litt an schwerer Leukämie und sollte auf Wunsch der Eltern die letzte Phase seines Lebens zu Hause verbringen.

„Ich spielte im Wohnzimmer, auf dem Boden neben dem Tannenbaum sitzend, mit meinen Spielsachen, und Dirk kam auf den Baum zu und blieb davor stehen.
Plötzlich bekam ich das Gefühl ‚Es ereignet sich etwas' und sah hoch. Der Tannenbaum leuchtete hell. Dirk stand davor und freute sich überirdisch. Ich sah auf dem Boden umher, ob vielleicht ein Weihnachtsgeschenk übersehen worden sei, sah aber nichts. Ich blickte wieder zu ihm, der Baum stand im Licht und leuchtete noch viel heller. Es war, als würde ein großer Magnet ihn an der Brust anziehen in Richtung Licht. Die Brust war dem Baum am nächsten, der Kopf fiel etwas zurück, die Arme baumelten seitlich nach hinten, und er sah wie hypnotisiert und gleichzeitig über alle Maßen glücklich aus, wie ich es noch nie zuvor gesehen hatte – und danach auch nicht wieder bis heute. Da verstand ich es auch – gefühlsmäßig, nicht mental – und freute mich für ihn, und ein bisschen war das Licht auch für mich.
Dann wurde es plötzlich dunkel, das heißt, der Baum leuchtete nur noch normal, die Freude wich aus Dirks Gesicht, die Schultern fielen nach vorn, er sackte in sich ein und drehte sich, machte ein paar schleppende Schritte, fiel, und da war schon meine Mutter, die aus der Küche gelaufen kam und ihn auffing. Sie zog ihn auf die Couch, hatte ihn auf sich und versuchte dauernd, seinen Kopf zu stützen, doch er fiel immer wieder nach hinten. Sie sah total verzweifelt aus. In diesem Moment bildete sich zwischen meinen Augen die Erkenntnis: Jetzt stirbt er.
Ich habe kaum eine Erinnerung bis zu dem Tag seiner Beerdigung. Ich war betrübt, dass man mich nicht mitgenommen hatte. Ich wusste, er war ‚fort', und das war schlimm für mich. Ich war bei der Nachbarin untergebracht und saß im Wohnzimmer. Durch die ganze Fensterfront fiel helles Licht, und ich saß darin. Es fühlte sich gut an. Dann meinte ich, dass oben rechts in die-

sem Licht etwas sei. Ich wandte mich dem zu. Ich fühlte meinen Bruder. Er sagte mir emotional und telepathisch gleichzeitig: ‚Ich bin noch da und ich werde immer bei dir sein.' Ich konnte diese Liebe und Zärtlichkeit fühlen. Ich wusste, es ist so. Und so war es auch. Mit Mitte dreißig habe ich eine Therapie gemacht und endlich losgelassen. Das war ein hartes Stück Arbeit. Die Liebe, die er gegeben hat, ist aber immer geblieben und ist heute ein Teil meiner selbst. Dirk war mongoloid. Er konnte besonders gut ungefiltert Liebe geben."

Ein Stück weit auf ihrer Reise mitgenommen

Frau B. aus München erzählt von einem gemeinsamen Nahtoderlebnis mit ihrer Mutter, das bei ihrer Mutter in ein Sterbeerlebnis übergegangen ist – ein sicherlich ungewöhnliches Ereignis:

„Am 15.1.2010 verstarb meine Mutter im Alter von achtzig Jahren, zu der ich mein ganzes Leben lang eine sehr tiefe und liebende Verbindung hatte.

Mama erkrankte mit knapp sechzig Jahren an Magenkrebs, hatte fünf Schlaganfälle, einen Dünndarminfarkt und etliche Wirbelbrüche durch ihre Osteoporose – kurzum: Sie war eine sehr, sehr starke Frau, die niemals jammerte und ihre Krankheiten und Schmerzen immer mit sich selbst ausmachte, um uns Kinder (ich habe noch eine ältere Schwester) und ihren Mann damit nicht zu belasten.

Das letzte halbe Jahr ging es ihr merklich schlechter, und am 30.12.2009 mussten wir sie mit einer Lungenentzündung ins Krankenhaus einliefern. Ihr war sehr wohl bewusst, dass dies wohl ihre letzte Reise sein wird. Für sie war es das Schlimmste, ihre geliebten Kinder zurückzulassen, was auch bedeutete, dass sich die Tage hinzogen, bis sie schließlich auf eine Palliativstation umverlegt wurde.

Sie nahm von uns allen einzeln Abschied, solange sie noch bei Bewusstsein war, und so schmerzhaft es für uns war, so schön war es auch, dies zu tun. Am 13.1.2010 hatte meine Mutter erneut einen Schlaganfall, und ihre linke Seite war komplett gelähmt. Von diesem Zeitpunkt an konnte sie auch nicht mehr sprechen und war nicht mehr bei Bewusstsein – ich muss noch erwähnen, dass sie Morphium gegen ihre Schmerzen bekam. Von diesem Zeitpunkt an blieb ich Tag und Nacht bei meiner Mutter, um bei ihr zu sein. Gegen 3.00 Uhr am 15.1. – ich hatte ihre Hand in meiner und döste vor mich hin – vernahm ich auf einmal ganz klar und deutlich ihre Stimme in mir, und sie sagte: ‚Christine, mir geht's gut, ich habe keine Schmerzen mehr. Seid nicht traurig.'

Von diesem Zeitpunkt an war ich wach, und Mama erwachte für einen kurzen Augenblick auch. Sie wurde unruhig und hatte wohl starke Kopfschmerzen durch den Flüssigkeitsverlust, weil sie sich mit der noch beweglichen rechten Hand ihre Stirn rieb. Die Nachtschwester gab ihr wieder Morphium, und Mama schlief wieder ein.

Für mich war es klar, dass es nicht mehr lange dauern kann, da ihr Puls auf 180 war und nur mehr ganz flach zu spüren war.

Und nun kommt das, was mich seither nicht mehr loslässt, und ich überlege, ob ich nur durch diesen emotionalen Moment so empfunden habe oder ob mich meine Mama ein Stück weit auf ihrer Reise mitgenommen hat:

Mama erwachte schlagartig gegen 5.15 Uhr, ihre Augen waren unendlich klar, und sie suchte meine Augen. Sie drückte meine rechte Hand mit der ihren und sah mir ganz tief in die Augen. Plötzlich hatte ich das Gefühl, dass meine Beine nicht mehr am Boden stehen, so, als ob ich selbst fliege, und ich nahm ganz dezent ein silbergraues Licht um uns wahr. Ich sagte meiner Mama, dass alles gut ist und sie auf ihre Reise gehen darf und dass ich sie liebe. Auf einmal empfand ich so viel Liebe wie niemals in meinem Leben zuvor – es war irgendwie nicht von dieser Welt –, ich kann nicht sagen, wie lange dieser Zustand gedauert

hat; es gab keine Zeit und keinen Raum mehr zwischen Mama und mir, wir wurden eins. Nachdem Mama den letzten Atemzug getan hatte, bekam ich auf einmal einen heftigen Schlag auf die Brust, als ob mein Herz auf einmal wieder zu schlagen beginnen würde.
Dieses Licht war weg, dieses Gefühl der unsagbaren Liebe war weg, und dann erst war ich wieder im Hier und Jetzt. Erst dann bemerkte ich auf einmal die Nachtschwester, die wohl irgendwann das Zimmer betreten hatte während dieses Vorgangs. Sie wiederholte immer wieder den Satz: ‚Das war sehr, sehr beeindruckend, und Sie haben Ihre Sache ganz toll gemacht, Frau B.'"

Ich will nicht weiter

Marianne H. vom Niederrhein schildert eine Serie von Tunnelerfahrungen:

„Ich erlebte sie des Öfteren unmittelbar nach dem Erwachen in liegender Haltung. Beim ersten Mal glitt ich mit dem Kopf nach vorn, wie auf einem Schlitten auf dem Rücken liegend, ganz sanft durch ein tunnelartiges Gewölbe. Beim zweiten Mal aufrecht nach vorn blickend, auch wieder ganz sanft. Beim dritten Mal sehr rasch auf eine strahlende Öffnung zu, konnte aber trotz großer Anstrengung nicht durch diese Öffnung zum Licht. Ein mir bekannter Holländer ... riet mir (falls es sich wiederholen sollte), nicht zu versuchen durchzukommen. Dies könnte meinen Tod bedeuten. Als ich beim nächsten Erlebnis mitten im Tunnel war, dachte ich: Nein, ich will nicht weiter. Sofort glitt ich genauso sanft wieder zurück. Seit dieser Zeit änderten sich diese Erlebnisse. Jetzt sehe ich sehr oft verschiedene Öffnungen in völlig wachem Zustand, auch sitzend. Ich sehe z.B. große runde Öffnungen. Sie scheinen wie aus silbern-leuchtenden, schmalen Reifen zu bestehen, die nach innen zu ganz perspektivisch immer kleiner werden, also irgendwie in die Ferne führen. Manchmal *sind sie auch rechteckig, wie eine Toröffnung. Schon oft versuchte ich, dies willentlich herbeizuführen – vergeblich."*

Man kann natürlich fragen, ob es sich hier nicht eher um luzide Träume (Wachträume) handelt als um Nahtoderfahrungen. Das „Schwellenerlebnis" allerdings, das ein Weitergehen im Tunnel mit Sterben verbindet, zeigt große Nähe zu vielen ausgeprägten Nahtoderlebnissen. Der deutliche Wunsch, trotz der Gefahr immer wieder in die Tunnelsituation zu gelangen, mag Neugier, verborgene Todessehnsucht – oder Suche nach dem, was dahinter kommt – sein. Die bildhaften Veränderungen in der Tunnelgestalt scheinen Ausdruck einer inneren Ambivalenz darzustellen. Das sind aber nur Vermutungen.

Kann nichts mehr gutmachen

Franz Kellermeier hatte 1984 einen schweren Verkehrsunfall und erlebte anschließend auf der Intensivstation seltsame „Träume", die er erst im Jahr 2010 – nach Lektüre eines meiner Bücher – mit Nahtoderfahrungen in Verbindung brachte.

„Die Pfleger hielten mich zunächst für bewusstlos, obwohl ich hellhörig war, mich nur nicht äußern konnte. Als der eine zum andern sagte: ‚Heut kratzt der eh ab', war mir klar, wo, wann und wie ich nun sterben würde. Ich empfand keinerlei Schmerzen oder Angstgefühle, schickte aber ein Stoßgebet los wie: ‚Lieber Himmelvater, jetzt musst du mich nehmen, wie ich bin, mit allen meinen Fehlern; ich kann nichts mehr gutmachen.' Da überkam mich ein seliges Gefühl des ‚Angenommenseins' ... – In nächster Zeit (ich hatte eine schwere Lungenentzündung) hatte ich einige Male ‚Tunnelerlebnisse': Ich schwebte unter unbeschreiblichen Glücksgefühlen auf ein wunderbares Licht zu, wurde aber kurz davor von meiner Frau und zwei Freunden zurückgestoßen; dabei

empfand ich ein wahnsinniges Gefühl der Enttäuschung. Krankenbesuche waren mir in dieser Zeit äußerst unangenehm. Besonders meine Frau litt unter meiner Abweisung. Als ich ihr von meinen ‚Träumen' erzählte, meinte sie, das käme von den Medikamenten; daraufhin behielt ich meine Erlebnisse bis heute für mich. Ich erinnere mich an sie aber so deutlich, als ob sie erst kürzlich passiert wären."

Meist fühlen sich diejenigen, die noch einmal zurück müssen, von verstorbenen Freunden oder Verwandten dazu aufgefordert. Dass sich Herr Kellermeier von noch lebenden Menschen seiner Umgebung sogar als „zurückgestoßen" erlebte, ist eine Ausnahme und zeigt, wie behutsam man mit allgemeinen Regeln umgehen muss.

Der blanke Horror

Die meisten Nahtoderfahrungen enthalten eine Phase des Glücklichseins und tiefen Friedens. Es gibt aber auch Berichte von Schreckenserlebnissen. Allerdings empfiehlt es sich, Inhalt und Bedeutung des Negativerlebnisses genau unter die Lupe zu nehmen. Martina M. aus dem Mittelrheingebiet erleichtert uns diese Aufgabe, weil sie selbst dazu kommentiert. Zunächst aber ihr Erleben, das sie 1987 als 25-Jährige hatte:

„Meinem Erlebnis gingen viele beinahe außerkörperliche Erlebnisse voraus. Ich stand zu dieser Zeit sehr unter Stress. Es gab kurz hintereinander mehrere Todesfälle in unserer Familie, und mein Schwiegervater, den ich sehr mochte, litt unter einer unheilbaren Krebserkrankung. Während der Chemotherapie besuchte ich ihn täglich in der Klinik. Auch dort starben täglich Mitpatienten. Wochen vor meinem einschneidenden Ereignis hatte ich mehrmals das Gefühl, im Wachbewusstsein meinen Körper zu

verlassen, und war immer sehr erschrocken – weil ich nicht wusste, was in diesen Momenten mit mir geschah. Ich bin dann jedes Mal aufgesprungen und umhergegangen, weil ich glaubte, das würde helfen, dieses Furcht einflößende Gefühl zu beenden. Am schlimmsten empfand ich danach, dass ich noch nicht einmal mit meinem Mann darüber sprechen konnte, weil ich keine Sprache dafür hatte, die diesen Zustand hätte beschreiben können, und ich befürchtete, von Außenstehenden für verrückt gehalten zu werden, falls ich es dennoch versuchen sollte. Richtig unangenehm wurde die Geschichte, als es dann tatsächlich zum gefühlten, kompletten Verlassen des Körpers kam.

Eines Nachts wurde ich wach und spürte eine seltsame Unruhe. Ich stand auf und ging ins Bad, weil ich mir die Stirn kühlen wollte. Ich setzte mich auf den Rand der Badewanne, weil mir plötzlich schwindelig wurde. Dann hörte ich diese seltsame, unnachahmliche Musik. Ein hoher, kaum zu beschreibender sphärischer Ton, ähnlich einem dauerhaft klingenden, hochtönenden Glöckchen, wie man sie von meditativer Musik kennt – aber ich muss dazu sagen, ich war damals kein Fan von vergleichbaren, esoterisch angehauchten Entspannungsklängen; erst später habe ich Parallelen festgestellt.

Unvermittelt spürte ich, wie ich aus meinem Körper herausgezogen wurde, ähnlich wie aus einer Tüte. Zuerst verlor ich das Gefühl für meine Füße, dann meine Knie, schließlich die Oberschenkel und dann die Hüften. Ich dachte, so ist es also, wenn man stirbt, und als das Gefühl die Brust und den Kopf erreichte, empfand ich nur noch nackte Panik. Ich wollte nach meinem Mann rufen, doch ich war wie gelähmt. Als ich mich dann für gefühlte Sekundenbruchteile von oben sehen konnte, wie ich da saß, heute würde man sagen, wie ein lebender Zombie, empfand ich es als den blanken Horror.

Als der Spuk dann vorbei war und ich anscheinend wieder in meinen Körper zurückgekehrt war, stand ich auf. Zitternd und völlig verdattert schaute ich in den Badezimmerspiegel und empfand die Person, die ich dort sah, als seltsam fremd.

Von jetzt auf gleich empfand ich meinen Körper als fremden, sächlichen Gegenstand – ich hatte nicht mehr das Gefühl, dass ‚ich' mein Körper war –, ich konnte ganz deutlich den Unterschied spüren, und es war, als ob ich jede seiner Bewegungen wie eine Außenstehende beobachtete. Verstört kehrte ich ins Bett zurück, in der verzweifelten Hoffnung, dass dieses Empfinden spätestens am nächsten Morgen wieder verschwunden wäre und ich aus dieser Art Alptraum erwachen würde. Als ich am anderen Tag aufstehen wollte, kam ich nicht weit. Schon beim Aufsetzen war nichts wie zuvor. Jede Bewegung, die ich vollzog, war wie das Spiel einer Marionette. Und nicht nur das: Ich beobachtete nicht nur meinen Körper – sondern auch meinen Geist. Es kam mir vor, als könne ich tausendmal schneller denken als das alte Ich, das zuvor mein Denken beherrscht hatte. Ich hatte plötzlich die Fähigkeit zu hochphilosophischen Gedankengängen, zu Themen, von denen ich nie zuvor gelesen hatte, die aber längst von berühmten Philosophen gedacht worden waren, wie ich zu meinem Erstaunen in diversen Nachschlagewerken feststellen konnte. Ich fühlte mich wie eine Außerirdische, die gerade gelandet war und wie im Zwang alles hinterfragte, was ihr in den Sinn und in die Quere kam. Plötzlich fand ich die Katzenfutterwerbung seltsam, weil es Millionen Menschen gab, die hungerten, und bei uns richtete man das Futter für die Tiere auf einem Porzellantellerchen an – mit Petersiliensträußchen. Oder ich fragte meinen Mann: Warum wächst eine Blume, und er sagte, weil sie in der Erde steckt und Wasser und Licht erhält, und ich sagte: Nicht wie, sondern WARUM?? Menschen kamen mir plötzlich vor wie Bioroboter, und das Gefühl, aus Fleisch und Wasser und Knochen zu bestehen, machte mir eine höllische Angst. Auch gedanklich beschäftigte ich mich geradezu zwanghaft mit der Tatsache, dass das Gehirn materiell ist (Blut, Wasser, Gewebe), die darin ablaufenden Gedankengänge aber eindeutig immateriell sind (man kann sie weder fotografieren noch röntgen ...). Eine Stimme in mir wollte raus aus diesem Dilemma, raus aus diesem Körper, und irgendwas sagte mir, dass es da noch was anderes, Besseres *gibt, als in diesem Körper zu stecken – aber da konnte ich ja nicht hin. Ich hatte kein Licht gesehen, keine Angehörigen, die im Jenseits auf mich warten (so weit bin ich ja gar nicht gekommen ... Gott sei Dank, müsste man sagen). Bei mir war es eher ein Bild von einer Tür, wo ein Totenkopf drauf war und die Aufschrift ‚Durchgang verboten', und ich hatte – wie auch immer – diese Tür trotzdem geöffnet.*

Man stelle sich vor: Man ist draußen, dann wieder drinnen und spürt danach ganz deutlich den Unterschied. Ich hab mich nicht gefreut – ich habe 14 Tage lang nur geheult. Ich konnte nicht mehr essen, weil ich immer das Gefühl hatte, ich stopfe etwas Materielles (die erste Mahlzeit nach dem Erlebnis war eine Mandarine) in etwas anderes Materielles – meinen Körper (was ja schon besagt, dass der Körper nicht ‚ich' ist).

Das Schlimmste war – wie gesagt –, dass ich all das niemandem mitteilen konnte. Dabei war ich kein bisschen verrückt – im klassischen Sinne. Ich wusste glasklar, dass mit mir was ganz und gar nicht stimmte, und dachte, dass so etwas nur einem Junkie passierte, der einen Joint zu viel gekifft hat (dabei habe ich noch nie in meinem Leben an einer Zigarette gezogen und trinke keinen Alkohol, weil ich allergisch darauf reagiere ...).

In meiner Not verlangte ich nach einem Psychiater, aber noch nicht mal der konnte mir helfen (damals, vor 25 Jahren, war das Wort ‚Out of Body'-Experience nicht so en vogue ...), ich stammelte mir was zusammen von wegen, dass ich einen Körper besäße aus Fleisch und Blut und Wasser, und mir käme das nicht mehr normal vor, und dass dahinter offenbar eine Art Seele säße, die das Ganze steuert wie der Fahrer eines Autos, der hinter dem Lenkrad sitzt – und dass ich das Gefühl hätte, diesen Kontakt zum Auto verloren zu haben. Der Doktor schaute mich nur an und sagte: Ruhen Sie sich mal richtig aus, und dann geht das schon wieder ...

Beim Rausgehen sagte ich: ‚Wissen Sie was? Ich will in die Psychiatrie.'

Da ich dem Arzt aber anscheinend vollkommen normal erschien, riet er mir vom Landeskrankenhaus ab und schlug eine nette Klinik für depressive Patientinnen vor. Aber dort scheiterten meine Versuche, mein Erlebnis und die damit verbundenen Änderungen in meinem Empfinden und meiner Weltsicht irgendjemandem zu erklären, ebenso kläglich wie bei dem Doktor. Zumal ich für die meisten Ärzte kein wirklicher Fall für die Psychiatrie war, weil ich in deren Augen immer noch die volle Realitätsprüfung besaß – was wohl auch zutraf. Dummerweise war etwas hinzugekommen, das für mich in diese Realität nicht hineingehörte.

Trotzdem wurde viel an mir herumexperimentiert, nicht zuletzt vielleicht deshalb, weil ich Privatpatientin war und man mir wohl anmerken konnte, wie sehr ich litt. Ich hab viel geweint, war nicht mehr fähig, meinen Alltag alleine zu bewältigen, verlor Gewicht und war die ersten Monate nach diesem Erlebnis und seinen Folgen regelrecht starr – nicht nur vor Schreck, sondern auch wegen der vielen Medikamente, die mich keinen Zentimeter weiterbrachten. Manche Ärzte tippten auf eine Borderline-Persönlichkeitsstörung, andere laborierten mit dem Wort Depressionen.

Nichts davon konnte letztendlich bestätigt werden. Weder durch meine überaus unspektakuläre Vorgeschichte noch durch diverse Tests. Von Antidepressiva bis zum nebenwirkungsreichen Haldol schluckte ich alles, was man mir anbot, in der wilden Hoffnung, dass dann plötzlich, sozusagen über Nacht, alles wieder ‚beim Alten' wäre. Aber kein Medikament brachte die entscheidende Wende, und so, wie es aussah, half auch weder Körbeflechten noch Bildermalen, und auch gewöhnliche Gesprächstherapien brachten keinen Erfolg, weil ich etwas erlebt hatte, das ich nicht einfach in Worte fassen konnte, und schon gar nicht, was es mit mir gemacht hatte. Mehrere Anläufe, über mein außerkörperliches Erlebnis zu sprechen, scheiterten auch, weil ich instinktiv spürte, dass meine Gesprächspartner mich nicht ernst nahmen und meine daraus resultierenden Beschwerden einfach nicht nachvollziehen konnten oder wollten. Ich fühlte mich dabei jedes Mal, als ob ich jemandem erklärte, ich habe ein grünes Männchen gesehen – es war und blieb einfach grauenhaft. Anscheinend konnte mir niemand helfen, in mein altes, ‚unbeschwertes' Leben zurück-

zuschlüpfen und das Erlebte einfach aus meinem Gedächtnis zu löschen.

Ich kann von Glück sprechen, dass ich nach einer fast halbjährlichen Odyssee, in der es mir psychisch wirklich furchtbar schlecht ging, eine versierte Psychiaterin fand, mit deren Hilfe ich wieder ins normale Leben zurückgefunden habe.

Sie war nicht nur eine ausgezeichnete Ärztin, sie beschäftigte sich darüber hinaus mit Zen-Buddhismus und Qui Gong und arbeitete vollkommen ohne Medikamente. Sie war die Erste, die verstand, dass ich etwas für mich höchst Realistisches und Beunruhigendes erlebt hatte.

Etwas, das nicht nur mein Verhältnis zu meinem Körper im wahrsten Sinne des Wortes verschoben hatte, sondern gleich mein ganzes bisheriges Weltbild ins Wanken brachte, weil es nicht in das normale menschliche Erleben gehörte und deshalb nicht von mir in Worte gefasst werden konnte. Und dass ich unter den Folgen für mein Empfinden gegenüber meinem Körper und meinem Geist sehr litt. Zudem war ihr sofort klar, dass man dieses Erleben nicht einfach medikamentös auflösen konnte. Sie erzählte mir von Soldaten im Ersten Weltkrieg, wo dieses Phänomen zuerst medizinisch beschrieben worden war: dass Menschen in starken Stresssituationen offenbar dazu neigten, ihren Körper zu verlassen, wenn sie sensibel genug dafür waren. Indem sie mir neue, für mich unbekannte, aber nachvollziehbare Wege zur Spiritualität aufzeigte und mir half, dieses Erlebnis in mein kritisches, vermeintlich vernünftiges und eher wissenschaftlich orientiertes Denken zu integrieren, hat sie mir geholfen, damit umgehen zu können, und hat mich somit wahrhaftig und langfristig geheilt.

Aus heutiger Sicht bin ich dankbar für das, was mir damals widerfahren ist. Es hat mir eine völlig neue Weltsicht geschenkt und mir geholfen, wesentlich differenzierter denken zu können. Leider war ich zuvor nie wirklich religiös und stehe bis heute irgendwelchen kruden esoterischen Theorien eher abgeneigt gegenüber. Deshalb verfügte ich wohl nicht automatisch über eigene Schutzmechanismen, die mir mittels Erkenntnis über den wahren

Wert dieses Ereignisses und des daraus resultierenden ‚Zustandes' aus diesem Dilemma hätten heraushelfen können."

Weiter heißt es:

„Lange Zeit über hatte ich das Gefühl, etwas ‚Verbotenes' erlebt zu haben – es war wie eine Tür, durch die ich unerlaubterweise gegangen war –, als ob ich einen Fluchtweg eingeschlagen hätte, den ich nicht gehen durfte. Ich habe mich dann regelrecht damit abgefunden, hier bleiben zu müssen, und heute komme ich ganz gut damit zurecht und empfinde dieses Erlebnis mittlerweile als Bereicherung. Zumal ich viele philosophische Zusammenhänge zu verstehen imstande bin, die mir zuvor weder aufgefallen noch mein Interesse geweckt hatten. Geblieben sind mir nicht nur Fragen über Fragen nach dem Wie und Warum, sondern auch unzählige seltsame Begebenheiten, wie die Fähigkeit zu Vorahnungen und ausgeprägten Synchronizitätserlebnissen, die meine Fragen nach dem Sinn unseres Hierseins, dem Sein und Nichtsein nicht versiegen lassen ..."

Eine Besonderheit im außerkörperlichen Erlebnis von Frau M. besteht darin, dass es sich nicht voll entfaltet hat, aber die Vorboten und der Ablösungsprozess ausgiebig erlebt wurden. Bei den meisten Außerkörpererfahrungen geht diese erste Phase rasch vorbei und wird eher beiläufig wahrgenommen. Das, was dann geschieht, insbesondere das zufriedene oder gar glückserfüllte Schweben, rückt bald in den Vordergrund. Bei Martina M. scheint diese Phase nicht erreicht worden zu sein; sie kehrte, nachdem sie mehrfach überhaupt einen „Austritt aus sich selbst" verhindert hatte, schon in den Anfängen, die angstbesetzt waren, wieder zurück. Dabei hat möglicherweise mitgespielt, dass sie gerade eine stressvolle Zeit erlebte und unter einem Burn-out-Syndrom litt. Ihr „schrecklicher psychischer Allgemeinzustand" war aber, wie die verständnisvolle Therapeutin bald herausfand, dann weniger durch das Burn-out als durch das plötzliche Erlebnis, „draußen zu sein", bedingt. Das „Schreckliche" bezieht sich nicht auf das „draußen" Geschaute, sondern auf die an der Grenze erlebte neue Perspektive des Körpers.

„... alle sich anschließenden Symptome (enorme Beschleunigung des Denkvermögens, hochphilosophische ‚Zwangsgedanken' und die Abneigung, im Körper sein zu müssen, der mir vorkam wie ein vorsintflutlicher Taucheranzug, den ich am liebsten abgestreift hätte, dabei die absolute Abneigung gegen das Essen und das ‚Menschsein' an sich) ..."

Diese Erfahrung erinnert an die häufig berichtete Schwierigkeit, sich nach dem Nahtoderlebnis wieder im Leib zurechtzufinden, wenn auch die „Sehnsucht zurück" im Vordergrund steht und nicht schlechthin die Abneigung gegen den Körper. Das verborgen Positive kommt schließlich in folgenden Bemerkungen von Martina M. zum Ausdruck:

„Ich hab immer – auch heute noch, beinahe zwanzig Jahre danach und wo alles vorbei ist und ich schon lange wieder ‚normal' bin – das Bedürfnis, mit Leuten zu reden, die so etwas auch schon erlebt haben, um herauszufinden, wie andere Menschen damit umgehen. Dabei sollten es keine Esoteriker oder (Ex-)Drogenabhängige sein – weil ich weder rauche noch trinke und auch nicht zur Kirche gehe ... (wobei ich nicht sagen möchte, dass ich an ‚Nichts' glaube – ‚Es' hat nur keinen Namen ...). Vielleicht sollte ich dazusagen, dass mir seither noch mehr seltsame Dinge passiert sind – ich kann manchmal (allerdings nicht geplant) Dinge voraussehen (manchmal Spektakuläres, manchmal aber auch Banales, das für mich aber trotzdem irgendwie beeindruckend ist) –, außerdem passieren mir oft seltsame ‚Zufälle', und ich frage mich, ob ich diese Erlebnisse im Kontext zu meinem

‚Ausgangserlebnis' sehen kann. – weil ich seitdem fraglos eine zuvor nicht wahrgenommene Sensibilität entwickelt habe..."

Mit Plumps in meinen Körper zurück

Frau P. aus der Nähe von München schildert ein Erlebnis, das sie 1997 kurz nach dem Tod ihres Mannes („dem ich unbeschreiblich eng verbunden war") ohne eigene körperliche Beschwerden hatte.

„Gegen Abend wurde ich furchtbar müde und legte mich hin. Kaum hatte ich die Augen geschlossen, fuhr ich wie eine Rakete aus meinem Körper in einen Dom aus Licht, gleißenden Farben von Blau, Gelb und Weiß, erfüllt von einem übergroßen Glücksgefühl, das es auf Erden nicht gibt. Ich war bei vollem Bewusstsein mit dem triumphierenden Gefühl: Es geht doch!! Je näher ich diesem zentralen, alles überstrahlenden Licht kam, sagte mir meine eigene Stimme, dass ich zurück müsse, es sei noch nicht Zeit für mich. Der Absturz kam heftig, und ich fuhr mit einem regelrechten Plumps in meinen Körper zurück. Das Gefühl des Zusammenpralls mit der irdischen Masse spüre ich heute noch, ebenso die starken Energiewellen, die vom Kopf her durch meinen Körper flossen. Ich hatte das Gefühl, dass es mich regelrecht hochwarf, wie wenn man mit einem ungefederten Gefährt quer über gefrorene Ackerfurchen fährt. Dieser Vergleich stand in diesem Moment vor meinen geistigen Augen. Äußerlich war mein Körper ruhig. Ich suggerierte mir, dass die Wellen unten bei den Zehen wieder rausliefen, und so ebbte dieser Zustand, der höchst unangenehm war, wieder ab. Die Materie (in diesem Fall ein dünner Vorhang neben meinem Bett) erschien mir wie Granit, wie auch alles andere plötzlich wie Felsbrocken wirkte. Das alles hatte innerhalb einer halben Stunde stattgefunden. Ich hatte lange Zeit hinterher ein schlimmes Heimwehgefühl nach dieser anderen Welt. Jetzt weiß ich, wohin ich einst gehen werde. Angst vor dem

Tode hatte ich noch nie. Ich denke, wir gehen hinüber in eine schöne Geisteswelt, wo wir auch unsere Liebsten wiedersehen."

Sehnsucht nach diesem Licht

Die Erinnerung an das Lichterlebnis in einer Nahtoderfahrung kann so starke Emotionen hervorrufen, dass die erlebende Person Schwierigkeiten hat, darüber zu reden, oder sogar Probleme, sich in der „normalen" Welt wieder zurechtzufinden. Frau S. aus dem Rheinland berichtet über derartige Folgen, nicht über den Inhalt ihres Nahtoderlebnisses, das sehr nachhaltig gewesen sein muss:

„Zufällig fand ich (48 Jahre) Ihre Seite [Homepage], und wenn ich dies lese, erinnert es mich an die mühevolle Notwendigkeit, mit einer Erfahrung leben zu müssen, die nur eine tiefe Sehnsucht nach diesem Licht und der Liebe zurückgelassen hat. Es ist über zwanzig Jahre her. Doch der Schmerz, noch auf dieser Welt leben zu müssen, überkommt mich bei diesen Erinnerungen wieder.

Ich freue mich am Leben – ohne Frage –, doch der Umgang mit der sogenannten Realität in dieser Welt ist schwer.

Ich weiß auch nicht, ob es sinnvoll ist, noch mal davon zu sprechen, oder ob es mir helfen könnte, da ich selbst im Nachhinein dies als ‚Illusion' abgewertet habe. Ich habe auch versucht, dies zu vergessen, was aber nicht geht, verständlicherweise.

Ich komme seitdem nicht wirklich mehr zurecht. Das Gefühl von ‚wieder dahin wollen' ist so stark.

Nun, ich lebe recht ruhig und eher zurückgezogen. Unsere Kinder sind jetzt 23 und 26 Jahre und betreuen unseren Enkel (vier Jahre). Von Beruf, den ich danach auch noch zeitweise ausgeübt habe, bin ich Chemielaborantin.

Geprägt war ich damals von tiefem Vertrauen zu Jesus bzw. Gott, was dann durch eine Therapie sehr ins Wanken geriet. Und die Zweifel, dass alles nur eine Frage der Chemie im Kopf ist. Na, ich habe mich nicht mehr wirklich getraut, mich auf mich zu verlassen, was ich fühle, denke und träume. Die große Infragestellung.

Doch letztes Jahr noch [2006] erzählte ich einem befreundeten Jesuiten in München davon nach einem Kurs. Und weinte einfach nur endlos aus Sehnsucht danach. Es ist für mich der Himmel, und ich bin gewiss: Wenn ich bewusst mich endlich auf den Weg dorthin machen kann, dann bin ich zu Hause ... Nach dem Gespräch jedenfalls erfüllten mich der tiefe Friede und die Gewissheit, dass das eben meine Erfahrung ist – ob ich für andere nun krank bin oder nicht. Die können mir jedenfalls auch nichts Besseres anbieten, womit es sich froh leben lässt."

In einem späteren Schreiben fügt Frau S. noch hinzu:

„Einmal hatte ich eine Begegnung bei einem Tanzseminar in D. mit einer jungen Frau, die länger im Koma gelegen hatte und dann etliche Jahre nur in Schwarz rumgelaufen ist, weil sie es als so schmerzlich empfunden hatte, wieder leben zu sollen in dieser Welt. Mit ihr hatte ich damals zum ersten Mal das Gefühl, dass sie versteht. Sie war mir wie ein Geschenk."

Neuerdings (2011) berichtet Frau S., dass sie in der Telefonseelsorge und einem sozialen Dienst tätig ist und *„erleben kann, mit viel Toleranz anderen Menschen begegnen zu dürfen".*

Glück, Leichtigkeit und innere Ruhe

Folgender Bericht stammt von der 37-jährigen (2007) Übersetzerin Yvonne A. aus der Schweiz. Er schildert eines der „Nahtod"-Erlebnisse, bei denen keinerlei Anzeichen von faktischer Todesnähe bekannt sind (vgl. auch www.netzwerk-nahtoderfahrung.de):

„Es geschah in einer Winternacht vor rund vier Jahren: Mitten im Schlaf hörte ich ganz deutlich eine Stimme von oben, die mit den Worten zu mir sprach: ‚Jetzt ist es genug.' Ich konnte im Dunkel des Zimmers eine engelhafte Gestalt sehen, die von einem intensiven blauen Schein umgeben war. Sie gab mir zu verstehen, dass ich ihr folgen sollte. In jenem Moment löste ich mich aus meinem Körper und glitt zur blauen Engelsgestalt empor. Zunächst befand ich mich an der Decke unseres Schlafzimmers. Trotz der Dunkelheit konnte ich die mir vertrauten Wandmalereien erkennen und sah unten im Bett meinen Körper, wie er einer leblosen Hülle gleich dalag. Anschließend führte mich der Engel durch die Dunkelheit in eine andere Welt hinein, die von einem hellen und unglaublich sanften Licht erfüllt war. Wie nie zuvor empfand ich ein vollkommenes Glück, eine Leichtigkeit und innere Ruhe, deren Intensität sich mit Worten nicht beschreiben lässt. Es war, als wäre die ganze Last des Erdenlebens von mir gewichen. Ich fühlte mich beschützt und getragen in dieser neuen Welt. Rund um mich herum zeigten sich mir viele andere Lichtgestalten, die im Gegensatz zum Engel nicht von einem blauen Schein, sondern von hellen, farblosen Strahlen umgeben waren. Sie sendeten unendlich viel Liebe und Wärme aus. Mich selber erlebte ich ohne Körper, aber mit allen Fähigkeiten des Hörens, Sehens und Denkens. Erkennen konnte ich niemanden; zu diesem Zeitpunkt war denn auch noch kein mir nahestehender Mensch verstorben. Durchdrungen von einem grenzenlosen Glücksgefühl, schwebte ich in Begleitung des Engels noch weiter in diesem Lichtmeer, als ich plötzlich Stimmen vernahm: ‚Es ist noch zu früh für dich, du musst nun gehen.' Die Stimmen wiederholten ihre Worte, denn ich wollte diesen Ort nicht verlassen. Nachdem ich verstanden hatte, dass ich später wieder zurückkehren könne, tauchte ich schließlich wieder in die Dunkelheit ein und fiel in meinen Körper zurück. Eine tiefe Trauer erfüllte mich. Ich war enttäuscht, wieder in meinem Körper auf der früheren Welt zu sein. Dieses Gefühl war beim Aufstehen am Morgen immer noch präsent und begleitete mich mehrere Tage. Mit der Zeit wich dieses Gefühl einer großen Dankbarkeit über das Geschehene. Es war, als erhielte ich für einen kurzen Moment Einblick in die andere Welt, die nach unserer irdischen Existenz auf uns Menschen wartet. Dieses Erlebnis ist immer noch klar und deutlich in mir präsent. Ich erlebte es viel intensiver als einen Traum. Rätselhaft für mich ist, wie sich diese Erfahrung erklären lässt, war ich doch körperlich vollkommen gesund – und dennoch war mir in diesem Moment vollkommen bewusst, dass ich von der irdischen in eine andere Welt wechselte und Lichtgestalten zu sehen bekam, deren menschliches Leben auf der Erde zu Ende war. Mit esoterischem Gedankengut kann ich indessen nichts anfangen. Eine gewisse Erklärung kann ich höchstens darin finden, dass die Erfahrung in eine Zeit fiel, während der ich oft traurig und bedrückt war. Die Erscheinung war mir in diesem Moment eine Erlösung von dieser Traurigkeit. Vor und nach dem Nahtoderlebnis hatte ich auch hellseherische Eingebungen bzw. Träume, in denen ich beispielsweise den Tod eines Bekannten voraussah. Ist es möglich, dass sich durch ein solches Erlebnis übersinnliche Fähigkeiten einstellen? Es ließen sich noch viele Fragen stellen, wie zum Beispiel jene nach dem Sinn und der Aufgabe, die mit dem Nahtoderlebnis verbunden sind."

Grund für die gemalte Zentralperspektive

Marianne Korsman ist schwedische Künstlerin und lebt auf der Insel Gotland. Jahrzehnte nach früheren Kontakten schrieb sie mir im Jahr 2010 einmal wieder und ich schickte ihr im Zuge unseres Austauschs ein Buch von mir über Nahtoderfahrungen. Das führte Marianne zu einer beachtenswerten Entdeckung: Sie fand sich nicht nur mit einem früheren Erlebnis in der Gemeinschaft der Nahtodbeschenkten wieder, sondern bemerkte nachträglich, dass sich das in ihrem künstlerischen Schaffen ausgewirkt hatte. Über das Erleben schreibt sie:

„Meine eigene Erfahrung besteht in einer Tunnel-Licht-Erfahrung. Das ist sehr lange her und geschah bei der Operation aus Anlass einer Blinddarmentzündung. Die Narkose ging nicht gut, ich hatte schreckliches Herzklopfen bekommen, als ob mein Körper explodieren sollte. Ein furchtbares Trauma folgte und eine Tunnelfahrt, bei der es dunkel war und alles stark zu vibrieren schien. Es dauerte lange, aber plötzlich erlebte ich eine wunderbare Lichtvision und eine Welt, die ganz schön und stille und sommergrün schien, und ich glaubte, dass ich im Himmel war. Ich hörte klare milde Stimmen und ich wollte gar nicht wieder zurück in die Wirklichkeit kommen..."

Dem fügt Marianne dann die offensichtlich ganz neu gewonnene Erkenntnis hinzu:

„Meine Bilder, die ich male, haben oft eine Zentralperspektive, obwohl ich gelernt habe, dass das nicht so gut ist ... Ich komme irgendwie nicht davon los. Es zieht mich dahin und zu einem starken Licht im Zentrum am Schluss der Bewegung. Oft malte ich einen Weg im grünen Wald, wo man ein Licht in der Mitte sieht. – Ich habe früher nicht darüber nachgedacht, aber es kommt sicher von diesem Erlebnis? Malerei lebt sehr von Intuition und Erlebnissen ..."

Die Frage kann man sicherlich positiv beantworten. Genauso, wie Nahtoderfahrungen in der Lebensführung vielfach Spuren hinterlassen, erscheint es plausibel, dass sie auf die Weltsicht in der künstlerischen Gestaltung Einfluss nehmen.

Ein Licht über der Mauer

Lisa Perschy aus Österreich hatte im Jahr 2003, damals Anfang Fünfzig, eine schwere Bauchoperation, nachdem tagelang ein Platzen der Gallenblase unerkannt geblieben war.

Kurz vor oder während der Operation hatte sie folgendes Erlebnis (2009 mitgeteilt):

„Ich ging – es war sehr finster, niemanden sah ich, und jemand ging an meiner Seite. Weiß nicht, wer mitging. Aber ich hatte keine Angst. Der Jemand war beruhigend. Wir gingen lange, bis zu einer Mauer, nicht hoch, aber ich konnte nicht darüberschauen. Darüber ein Licht, ein schönes, beruhigendes Licht, hoch über der ganzen, langen Mauer. Eine Volltüre war so angelehnt, dass ich nicht hineinschauen konnte. Davor stand ‚Petrus' – ich bin streng römisch-katholisch erzogen worden –, wie man ihn vorgestellt bekam, älterer, weißer Mann – der streckte mir freundlich die Hand entgegen. Ich zögerte im Hinhalten meiner Hand – und w u s s t e: Wenn ich seine Hand ergreife, kann ich nicht mehr zurück. Ich hatte keine Angst, sie zu nehmen, aber ich dachte, wer versorgt meine Eltern und Kinder (30 und 32). Meine Eltern leben noch heute, beide im 88. Lebensjahr. Der Schatten neben mir sagte (alles ohne Worte, man verstand das Denken des andern): Nicht so traurig! Petrus sagte (auch ohne Worte): Lass sie nur und bring sie zurück. Und wir kehrten um und gingen zurück, bis – ich weiß nicht. Das war alles s o r e a l und beschäftigte mich jahrelang dermaßen, dass alles andere nicht so wichtig war (trotz meiner Arbeit). Erzählen konnte ich es nur zwei Freundinnen und jetzt Ihnen ... Die eine Freundin verstand mich sofort, lachte und meinte, so, wie du eben bist, Petrus muss es sein, kein gewöhnlicher Engel."

Wenn mit der Gestalt von Petrus eine aus dem Unbewussten kommende Ausgestaltung des Gesamterlebnisses geschah, nimmt das dem Erlebnis nicht seinen Charakter einer Nahtoderfahrung: Entscheidend sind Merkmale wie der Weg durch Dunkelheit zu „schönem, beruhigendem Licht", Grenzerlebnis, das über die Rückkehr ins Leben entscheidet, Kommunikation ohne Worte und Nachhaltigkeit des Geschehens. – Frau P. hatte auch als Jugendliche schon Lichterlebnisse, die sie tief berührt haben. Ferner berichtet sie über hellseherische Visionen zukünftiger Ereignisse, die sich bestätigt haben. Dass Menschen mit Nahtoderfahrungen derartige Fähigkeiten besitzen, ist nicht ungewöhnlich.

Wie ein Vogel an der Zimmerdecke

Herbert L. aus Bayern berichtet von zwei Außerkörpererlebnissen entsprechend denen in der Van-Lommel-Studie und fügt eine bemerkenswerte Vision hinzu, die ebenfalls wiedergegeben sei.

„Vorab erwähnen möchte ich, dass ich zu diesem Zeitpunkt große gesundheitliche Probleme hatte. Damals stand es sehr schlecht um mich; die Ärzte eröffneten meiner Frau, dass ich die kommende Nacht nicht überleben werde. Aber es kam anders. Ein junger Assistenzarzt kam vom Urlaub zurück und spritzte mir ein Mittel, das eine schlimme Wirkung auslöste. Mein Herz hörte auf zu schlagen – ich war tot. Die Ärzte der Intensivstation brachten mich mit neun Elektroschocks wieder ins Leben zurück. Die Brandstellen waren deutlich sichtbar. Während des Herzstillstandes hatte ich die Vorstellung, außerhalb meines Körpers zu sein. Ich schwebte wie ein Vogel an der Zimmerdecke, so, wie es im alten Ägypten in den Totenbüchern dargestellt wird. Ich beobachtete die Ärzte und Krankenschwestern ganz ruhig bei ihrem geschäftigen Tun. So, als ob das nicht mein Körper wäre, sondern etwas Fremdes. Nach einiger Zeit öffnete sich ein ‚Trichtertunnel' und zog mich immer enger werdend in meinen Körper hinein. Ich erwachte wieder und erzählte von meinen Visionen. Daraufhin wollten die Ärzte und Schwestern wissen, wo sie gestanden und was sie getan hatten. Das Interesse war so groß, dass ich zu meiner Frau sagte: ‚Hier stimmt etwas nicht!' Ich nahm mir vor, nichts mehr zu erzählen, weil ich befürchtete, in die Psychiatrie eingeliefert zu werden. Seit diesem Ereignis habe ich keine Angst

mehr vor dem Tod. Erzählt habe ich dieses Erlebnis nur meiner Frau. Die Zeit war damals noch nicht reif."

Ob das Interesse der Ärzte und Schwestern nicht doch seriös war? Es wäre dann schade. Natürlich ist die Einschätzung von Herrn L. zu respektieren und seine Angst vor üblen Konsequenzen zu verstehen. Hier sein zweiter Bericht:

„Ein ähnliches Erlebnis hatte ich drei Tage später. Ich wurde im Bett zum Operationsraum gefahren. Dabei bemerkte ich, dass ich außerhalb meines Körpers an der Decke schwebte und das Bett begleitete. Der Pfleger merkte etwas und fragte, ob es mir gut geht, was ich bejahte. Dieses Erlebnis stufte ich damals so ein, dass ich durch Medikamente in Träume versetzt war."

Möglicherweise handelte es sich aber um einen kurzzeitigen komatösen Zustand, der durch die Ansprache aufgelöst wurde. Der dritte Bericht ist schwerlich als Nahtoderfahrung zu bezeichnen, regt aber zum Nachdenken darüber an, wie dicht Visionäres und außerkörperlich Erlebtes beieinanderliegen können.

„Meine Frau und ich besuchten den Wallfahrtsort Altötting und schlossen uns einer größeren Anzahl von Pilgern an, die in die Gnadenkapelle hineinströmten. Dicht gedrängt standen die Leute und beteten leise hörbar. Plötzlich tat sich über mir das Gewölbe der Kapelle auf, und ich war ein Teil der Gedanken, die von den vielen betenden und bittenden Menschen ausgingen. Es war ein überwältigendes Gefühl der Zusammengehörigkeit. Zu vergleichen mit dem Pfingstwunder. – Meine Frau erlebte es ebenso. Erwähnen möchte ich noch, dass wir evangelisch sind."

Nachträglich ergänzte Herbert L. seine Erfahrung, die in ein „nach oben Schweben" überging, ebenso das, was seine Frau erlebte:

„Auch sie hatte das Gefühl, dass sie nach oben schwebt. Nach kurzer Zeit jedoch wurde es ihr unheimlich, sie wollte wieder festen Boden unter den Füßen spüren. Das Geschehen und die Wahrnehmung waren ihr unheimlich."

Seine Frau bemerkte auch, dass „mit mir etwas nicht stimmt und holte mich wieder in die Realität zurück".

Schließlich erzählten sie dem Kirchenführer von ihrer Erfahrung.

„Er sagte, dass dieses Erlebnis nichts Besonderes wäre. Viele Leute würden Ähnliches erleben, nur keiner spricht darüber."

6. Nahtoderlebnisse von Kindern

Eines Tages war ein junger Arzt in einem Krankenhaus in Seattle im Nordwesten der USA mit der Wiederbelebung eines siebenjährigen Mädchens, Katie, befasst. Katie wäre beinahe in einem Swimmingpool ertrunken. Da lag sie nun im Koma, angeschlossen an eine Beatmungsmaschine und mit Hirnschwellung. Hoffnung auf ein Überleben bestand so gut wie keine. Nach zwei Tagen aber wachte Katie unvermutet auf, war guter Dinge und erholte sich in wenigen Tagen, ohne die befürchtete Hirnschädigung. Für Melvin Morse, so hieß der Arzt – eigentlich dabei, Spezialist für Hirntumore zu werden, und vorübergehend in einer praktischen Phase seiner Ausbildung –, war das ungewöhnlich genug. Er staunte aber noch mehr, als er sich im Zuge der routinemäßigen Untersuchung von Unfallursache und Ablauf des Geschehens mit Katie unterhielt. Das Mädchen erzählte ihm bis in kleine Details hinein, was sich im OP bei den Wiederbelebungsaktivitäten abgespielt hatte, als ob sie danebengestanden und zugeschaut hätte. Wie konnte das sein? Und schließlich, als Morse sich nach dem schrecklichen Geschehen im Swimmingpool erkundigte, überraschte Katie mit der Antwort: „Meinst du, als ich den himmlischen Vater besuchte?"[6] Sie fing an zu erzählen, brach aber verlegen ab, als sie das erstaunte Gesicht des Arztes sah.

Waren das nicht einfach kindliche Träume und zeugten die Beobachtungen im OP vielleicht von einer fantasiereichen Ergänzung der Informationen, die auch in das Gehirn eines Koma-Patienten noch vordringen? Viele Ärzte hätten wahrscheinlich auf diese Weise die Aussagen der kleinen Patientin schnell beiseitegeschoben. Morse aber wurde stutzig und ließ Katie ihre Erlebnisse einige Tage später ausführlicher darstellen. „Sie erinnerte sich an nichts, was das Ertrinken selbst betrifft. Als Erstes blieb der Eindruck von Dunkelheit und das Gefühl, dass sie zu schwer war, um sich bewegen zu können. Dann öffnete sich ein Tunnel, und durch den Tunnel kam ‚Elisabeth'. Elisabeth war ‚groß und schön', mit ‚hellem, goldenem Haar'. Sie begleitete Katie den Tunnel hinauf, wo sie ihren verstorbenen Großvater sah und einige andere Leute traf."[7]

Auch von einem „Besuch" zu Hause berichtete Katie; Elisabeth begleitete sie dabei. Sie schilderte präzise, was ihre Mutter, ihr Vater und ihre Geschwister gerade trieben. „Später, als Katie dies ihren Eltern erzählte, schockte sie diese durch die leibhaftigen Details über die Kleidung, die sie trugen, wo sie sich im Haus befanden, sogar das Essen, das die Mutter kochte."[8]

In der Schlussphase ihres „Ausflugs" im Koma brachte Elisabeth Katie zum „himmlischen Vater" und zu „Jesus", wo Katie gern geblieben wäre, aber schließlich zustimmte, wieder zu ihrer Mutter zurückzukehren. „Dann wachte sie auf."[9]

Melvin Morse schreibt, dass dieses Gespräch sein Leben verändert hat. Er widmete von da an (Achtzigerjahre) einen großen Teil seiner Arbeit der Suche nach Hintergründen, Erklärungen und verwandten Geschehnissen, stieß auf die schon bestehenden Bemühungen um Nahtoderfahrungen seit den Siebzigerjahren und organisierte selbst ein Forschungsprojekt, das sich besonders mit den Nahtoderlebnissen von Kindern befasste. Sein erstes Buch darüber (*Closer to the Light* 1990, mit Vorwort von Raimond Moody, deutsch *Zum Licht*, Goldmann 1994) wurde ein Bestseller. Insgesamt gesehen leistete Morse einen hervorragenden Beitrag nicht nur zum Verstehen von Nahtoderfahrungen, sondern auch zu den medizinisch-naturwissenschaftlichen Grundlagen dieses neuen, herausfordernden Fragenkreises. Noch 2008 schreibt er (www.melvinmorse.com):

„Meine ursprüngliche Forschungsarbeit und darauf folgende Studien anderer haben dokumentiert, dass Nahtoderfahrungen real sind ... Nichts weniger als ein neues wissenschaftliches Paradigma ist in greifbarer Nähe, eines, das die menschliche Kultur ebenso sicher verändern wird wie die Geburt der Schriftsprache. Ich möchte aktiv an der Geburt dieses neuen Paradigmas beteiligt sein."

Wenden wir uns Beispielen in unseren Breiten zu! Folgende Geschichte der dreijährigen Mara kann als „Gegenstück" zur oben erzählten von Katie angesehen werden. Alois Serwaty (Leiter des „Netzwerks Nahtoderfahrung") schreibt:

„Vor wenigen Tagen erhielt ich den Anruf einer Mutter. Sie schilderte mir in beeindruckender und überzeugender Weise das Erlebnis ihrer dreijährigen Tochter, die bei einem Badeunfall fast ertrunken wäre. Das schnelle Eingreifen eines Badegastes und des Vaters retteten dem Kind das Leben ohne bleibende Schäden. Wenige Tage danach öffnete sich das Mädchen unerwartet seinen Eltern: ‚Mama, als ich im Himmel war, haben die Engel zu mir gesagt, Mara, was machst du denn hier, wir haben noch gar keine Zeit für dich, gehe wieder zurück, und da ist der liebe Gott gekommen und hat mich zu euch gebracht, habt ihr den nicht gesehen?' Und die Mutter weiter: ‚Nein, gesehen habe ich ihn nicht, aber laut Mara hat er zu uns gesagt: Hier habt ihr eure Mara wieder.'" [10]

Erinnert sei auch daran, dass in der obigen Dokumentation von Nahtoderlebnissen immer wieder Erwachsene auf Geschehen in ihrer Kindheit zurückverweisen. Die untere Altersgrenze ist schwer zu bestimmen. Eine Frau aus der Schweiz erzählte mir, dass sie über eine tiefenpsychologische Behandlung erfahren hat, dass sie schon im ersten Lebensjahr ein Nahtoderlebnis hatte. Sie ist jedenfalls fest davon überzeugt, auch wenn es schwer sein dürfte, die entsprechenden Merkmale präzise zu fassen.

Ein praktisch bedeutsamer Aspekt von Nahtoderlebnissen bei Kindern liegt in einer Gefahr, der die Kinder ausgesetzt sind: Sie nehmen oft als selbstverständlich an, dass auch andere Kinder derartige Erlebnisse haben und die Eltern um so etwas wissen. Fangen sie aber an, davon zu erzählen, erfahren sie, wie sie ausgelacht oder wenigstens verständnislos angeschaut werden. Sie verstummen, müssen selbst mit dem Erlebnis und den Veränderungen, die bei ihnen oft ebenso hervorgerufen werden wie bei Erwachsenen, allein zurechtkommen. Sie werden zu Außenseitern oder aufgrund der Überforderung sogar psychisch krank. Allein deshalb sollte die Befassung mit Nahtoderfahrungen eine Angelegenheit jeder Kinderpädagogik sein; sie bedarf einer sensiblen Handhabung.

Wenngleich Kinder schon in frühem Alter kulturellen Einflüssen ausgesetzt sind, so kann man ihnen doch weniger Umdeutungen oder skeptische Blockierung bei der Wiedergabe von Erlebtem unterstellen als Erwachsenen. Zwar erzählen sie in der Denk- und Bilderwelt, in der sie heranwachsen, aber ihre Aussagen können als unverfälscht und ohne Tabus betrachtet werden. Nahtoderfahrungen von Kindern verweisen deshalb in besonderer Weise darauf, dass sie keine Kulturprodukte sind, vielmehr unmittelbar das Menschsein betreffen, dessen Transzendenzbezug eingeschlossen.

Zum Abschluss sei ein besonders bewegender Bericht angeführt, den mir eine ehemalige Pflegemutter Anfang 2010 zusandte:

„Elisabeth (Name geändert) war seit zweieinhalb Jahren bei uns in der Familie als Pflegekind. Nachdem sie mit einigen schweren Herzfehlern auf die Welt gekommen war und bereits als Frühgeburt (8. Monat) am offenen Herzen operiert wurde, konnte sie, obwohl (von ausländischen Eltern) zur Adoption freigegeben, nicht vermittelt werden. Man wusste ja nicht, ob sie überlebt. So kam sie in ein Kinderheim, wo wir sie als Zweijährige zu uns in Pflege holten.

Im Alter von knapp fünf Jahren muss Elisabeth völlig überstürzt ins Krankenhaus, es ist kaum Zeit zum Verabschieden. Eine Herzklappe ist da. Das bedeutet, irgendwo ist ein kleines Kind gestorben, und die Eltern haben einer Organentnahme zugestimmt.

Für ein Abschiedsgespräch ist aber noch Zeit, und erst jetzt erfahre ich von ihren Erlebnissen in der jenseitigen Welt (es war wohl für sie so selbstverständlich, immer wieder bei Operationen dorthin zu gelangen).

Elisabeth sagt mit ihren knapp fünf Jahren, dass sie so gerne in den Himmel kommen möchte, weil es da so wunderschön ist. Viele Male war sie schon auf der ‚anderen Seite'. Sie erzählt geradezu euphorisch, während ich nach Worten ringe (ich bin 23 Jahre alt, habe Angst um sie, doch ich kann nicht bezweifeln, was sie erzählt; so klein, kann sie unmöglich so differenziert von ‚Nahtodberichten' gehört oder gar gelesen haben). Sie erzählt von einer Wiese mit Blumen und blauem Himmel, und viele liebe Leute sind da, auch ihre Oma, die sie nie kennengelernt hat. Sie sagt wörtlich, sie möchte unbedingt von uns die Erste sein, die da hinkommt!

Ich höre mich antworten – zitternd –, dass es nicht so einfach geht, da es einen Grund gibt, weshalb man hier auf der Erde ist. Und dass jeder Mensch eine Aufgabe zu erfüllen oder etwas zu lernen hat, bevor man in den Himmel gehen kann ... Elisabeth verspricht, wieder nach Hause zu kommen, und sie will ja auch das Baby kennenlernen, mein zweites Kind, das unterwegs ist.

Bei der komplizierten Operation, die die ganze Nacht dauert, geht so ziemlich alles schief, was nur schiefgehen kann: Es wird versehentlich ein großes Lymphgefäß in der Nähe der Lunge verletzt, die eingesetzte Herzklappe funktioniert nicht richtig. Neun Monate lang kämpfen die Spezialisten auf der Intensivstation um sie: Elisabeths Lungen füllen sich trotz der 33 Drainagen ständig mit Lymphflüssigkeit, die Leber, die Nieren, der Kreislauf versagt, die neue Herzklappe schließt nicht, es ist eine fürchterliche Quälerei. Man teilt uns mit, wir sollen uns verabschieden kommen, da in der folgenden Nacht die Beatmung abgeschaltet werden würde.

Am nächsten Morgen erfahre ich, dass tatsächlich abgeschaltet wurde. Elisabeth hat daraufhin alleine weitergeatmet, mit einem Rest-Lungenvolumen von 10 %, sie erwachte am Morgen aus der langen Bewusstlosigkeit und verlangte nach einem Joghurt! Ein Wunder! Sogar die härtesten Mediziner schluchzen und sprechen von einem Wunder.
Es vergehen weitere viele Monate, bis sie aus dem Krankenhaus entlassen werden kann.

Heute hat Elisabeth noch viele weitere komplizierte Herz-OPs überstanden, seit drei Jahren ist sie praktisch aufgegeben von den Medizinern, sie hat alles für ihre Beerdigung vorbereitet, aber genießt, soweit möglich, jeden Tag. Und sie weiß: Nicht Ärzte entscheiden, wann sie ‚hinübergeht', sondern sie geht, wenn ihre anberaumte Zeit auf der Erde abgelaufen ist. Elisabeth ist heute 31 Jahre alt, eine vor Lebensfreude und Temperament sprühende, erstaunliche und schöne junge Frau, die alle mit ihrem Mut und ihrer Energie ansteckt, obwohl sie wirklich kein leichtes Leben hat und keinerlei Aussicht auf ein einigermaßen normales Leben."

7. Nachtodbegegnungen

Gelegentlich bin ich nach Vorträgen über Nahtoderfahrungen von Zuhörern angesprochen worden, die mir erklärten, dass sie zwar kein Nahtoderlebnis hatten, wohl aber eine Begegnung mit einem Verstorbenen. Das war für sie ähnlich einschneidend für ihr Leben und von spiritueller Bedeutung wie im Falle von Menschen mit Nahtoderlebnissen. Ähnliches geschah mit schriftlichen Reaktionen auf meine Nahtodbücher. Das brachte mich erst selbst allmählich dazu, dieser Parallelität nachzuspüren, und ich fand beachtenswertes Schrifttum dazu. So seien hier einige Bemerkungen dem weiten Gebiet der „Nachtodkontakte" oder – das Wort gefällt mir besser – „Nachtodbegegnungen" gewidmet. Eine ausführliche Dokumentation solcher Erlebnisse – in drei Bänden – findet sich bei Mattiesen (1936–1938). Die offenbar erste, auf breit angelegte Befragungen gestützte Untersuchung zu dem Thema stammt von Judy und Bill Guggenheim in den USA, beginnend 1988. Deren Ergebnisse liegen in gut lesbarer Zusammenfassung und mit Hunderten von Beispielen im Taschenbuch *Trost aus dem Jenseits*[11] vor. Wir werden mehrfach darauf Bezug nehmen. Zunächst aber seien einige Berichte angeführt, die ich aus dem deutschsprachigen Raum erhalten habe. Der erste demonstriert, dass ein Ernstnehmen telepathischer Geschehnisse im Umfeld des Todes nicht nur ein kontroverses Gesprächsthema darstellt, sondern möglicherweise über Tod und Leben entscheidet. Jan Goldhorn aus Ostfriesland schreibt:

„Ich hatte ein Erlebnis und weiß noch nicht einmal, ob es eine Nahtoderfahrung ist oder etwas anderes. Fakt ist: Am 1. Dezember 2008 kam ich gegen 7.45 Uhr aus der Nachtschicht und ich habe mich sofort schlafen gelegt. Dabei habe ich den Fernseher laufen lassen. Auf einmal spürte ich, dass mir kalt wurde, und es war, als wenn eine Hand an meine Taille klopfte, als wenn mein

Meldeempfänger jeden Moment losgehen würde (ich bin Mitglied der Freiwilligen Feuerwehr). Tatsächlich piepte das Ding, und ich nahm es vom Tisch, um es abzuschalten. Dabei war es mir, als wenn eine Stimme sagte: ‚Dieses Geräusch mag dein Vater sein, und du musst sofort bei ihm anrufen. Du musst sofort bei deinem Vater anrufen!!!' Dann war es mir, als würde etwas durch mein Zimmerfenster entweichen. Ich bin dann irgendwie aufgewacht. Es war eiskalt in meinem Zimmer, und ich war wie steif gefroren. Der Fernseher lief noch, und ich schaute auf die Uhr. Es war 9.30 Uhr. Ich begann wieder warm zu werden und schaute auf mein Handy und dachte immer an den Satz ‚Du musst deinen Vater anrufen!' Aber dann maß ich der Kälte keine Bedeutung zu, denn es war Winter, und ich hatte das Fenster auf! Der erste Satz, den ich dann sagte: ‚Was zum Teufel war das?' Ich dachte, ich hatte schlecht geträumt. Dabei muss ich noch erwähnen, dass ich während des Vorfalls Herzklopfen hatte. Ich schaute auf den Tisch, aber mein Meldeempfänger war noch an der Hose und war auch nicht losgegangen. Nun, ich maß dem eigentlich keine Bedeutung bei, also rief ich auch meinen Vater nicht an. Am 3. Dezember aber wollte ich anrufen, um ihm zu sagen, dass ich diese Woche nicht zum Frühstück kommen kann. Ich habe es immer und immer wieder probiert. Mich überkam ein merkwürdiges Gefühl. Da ich bei der Arbeit war und nicht wegkonnte, rief ich meinen Onkel an, er solle nachsehen. Neunzig Minuten später bekam ich den Anruf, mein Vater liege tot vor der Heizung. Die Gerichtsmedizin stellte als Todeszeitpunkt den 1.12. zwischen 6.00 und 11.00 Uhr fest. Vermutlich Herzschlag. Was habe ich da erlebt? Und die Stimme? War es Gott? Hätte ich ihn retten können? Es beschäftigt mich immer wieder. Obwohl ich ein ähnliches Erlebnis in den späten Achtzigerjahren schon einmal hatte! Und das ist absolut die Wahrheit! Das würde ich überall beschwören!"

Wir wissen nicht, ob zum Zeitpunkt der „Meldung" Jans Vater schon tot war, also im eigentlichen Sinn eine „Nachtodbegegnung" geschah. In diesem Fall hätte Jan nicht mehr helfen können. Telepathische Begegnungen zwischen Lebenden, die uns im nächsten Kapitel beschäftigen, sind jedoch ebenfalls möglich, und so hätte ein Wissen um diese Möglichkeit dazu führen können, dass Jan rechtzeitig einen Rettungswagen mobilisierte. Reinhard F. aus Hessen schrieb mir 2010 von einem Erlebnis, das er 1995, damals 29-jährig, hatte:

„Es war der frühe Morgen des 22. Mai 1995. Ich war ziemlich stark erkältet, und es war schon am Vorabend klar, dass ich an diesem Dienstag nicht arbeiten gehen kann. Ich schlief. Aus der Dunkelheit meines Schlafs tauchte eine Gestalt auf. Sie kam langsam aus dem Hintergrund auf mich zu. Es war Christoph. Um ihn herum war es dunkel, aber er selbst wurde wie von einem Hintergrundscheinwerfer beleuchtet. Er trug seine Lederjacke. Sein Gesichtsausdruck war irgendwie neutral, mit einer Mischung aus Ernst und eigentümlicher Entrücktheit. Ich freute mich, ihn zu sehen, und sagte zu ihm im Traum: ‚Hallo, Christoph, ich suche dich schon die ganze Zeit. Wo bist du?' Er antwortete in ruhigem Tonfall mit seiner mir bekannten Stimme:

‚Ich bin gestorben.' Ich erschrak und schlug einfach die Augen auf. Ich war sofort hellwach. So, als hätte ich nicht gerade eben noch geträumt, sondern mit geschlossenen Augen dagelegen und sie einfach geöffnet. Was war das!? Ich hatte den Eindruck, eine sehr reale Begegnung gehabt zu haben. Irgendwie war der Traum ‚wirklicher' als meine üblichen Traumerlebnisse. Meine damalige Frau lag neben mir und wachte auf. Ich muss wohl irgendwie körperlich auf meinen Schreck reagiert haben. ‚Gerade habe ich geträumt, Christoph sei gestorben', sagte ich ihr. Sie murmelte fragend den Nachnamen eines anderen Christophs aus unserem Bekanntenkreis. Ich korrigierte sie und nannte ihr den Nachnamen meines Freundes. Dann ging ich auf die Toilette. Es war etwa 6.30 Uhr. Ich schüttelte den Kopf, rieb mir die Augen und lachte verlegen. Leise sagte ich vor mich hin: ‚Was man so alles für einen Quatsch träumt.' Dann ging ich wieder schlafen, und als ich am späteren Vormittag aufwachte, war alles schon wieder vergessen.

Vorläufig.

Einige Wochen später saß ich in meinem Arbeitszimmer und nahm den Telefonhörer ab. In letzter Zeit hatte ich öfter versucht, Christoph zu erreichen. Erfolglos. Seit meine Tochter auf der Welt war, hatten wir uns deutlich weniger gesehen. Und jetzt waren schon viele Wochen vergangen, seit wir gemeinsam etwas unternommen hatten. Ich wählte seine Nummer. Kurz darauf nahm jemand ab und sagte ‚Hallo.' ‚Hallo, Christoph', fragte ich. ‚Nein, hier ist der Bruder von Christoph', bekam ich zur Antwort. Seinen Bruder kannte ich nicht. Ich fragte, ob Christoph da sei und ob ich ihn sprechen könne. Ich war guter Laune und muss sehr fröhlich geklungen haben. Am anderen Ende der Leitung tat sich der Bruder hörbar schwer, die richtigen Worte zu finden. ‚Was ist denn?', fragte ich. ‚Christoph ist gestorben', sagte er schließlich. Es traf mich wie ein Schlag. Ich musste mich setzen und sagte dabei: ‚O Gott, was ist denn passiert?' Er erzählte mir alles, was er wusste. Die Polizei hatte ihn bereits vor drei Wochen auf dem Dachboden seiner Wohnung gefunden, wo er bereits eine Woche tot an der Decke hing. Wie die Untersuchungsergebnisse wohl ergeben hätten, habe er sich im Drogenrausch erhängt. Er sei an einem Dienstag nicht zur Arbeit erschienen und ab dem folgenden Tag als vermisst gemeldet gewesen. Nach einer Woche schließlich hätten ihn Polizisten auf dem Dachboden gefunden. Die Beerdigung sei bereits vor zwei Wochen gewesen. Mit meinem Anruf sei nun auch der Freund gefunden, von dem alle wussten, dass es ihn gibt. Allerdings habe man in Christophs Aufzeichnungen keine Telefonnummer finden können, um mich zu informieren.

Am nächsten Tag traf ich mich am Nachmittag mit einem guten Kollegen. Ich erzählte ihm von Christophs plötzlichem Tod. Wir saßen in einem Café, und es tat mir gut, mit jemandem darüber zu sprechen. Wir hatten gerade eine Gesprächspause, als es mich durchzuckte. Ich sagte laut: ‚Aber ich habe es ja geträumt!'

Mein Kollege sah mich überrascht an. ‚Ich weiß, das klingt verrückt, aber vor einigen Wochen hat mir Christoph im Traum gesagt, dass er gestorben ist', sagte ich. Der Kollege wusste offenbar nichts dazu zu sagen und wirkte etwas irritiert. Deshalb wiegelte ich ab, indem ich ihm zu verstehen gab, dass ich mich natürlich auch täuschen könne. Aber ich wollte es jetzt genau wissen. Als rationaler Mensch, der mit Religion nichts am Hut hatte, war ich weit davon entfernt, an irgendwelche außersinnlichen Wahrnehmungen, ein Leben nach dem Tod oder Gott zu glauben. Also blätterte ich in meinem Kalender, um zurückverfolgen zu können, an welchem Morgen ich den Traum hatte und ob es die Nacht von Christophs Tod war. Tatsächlich stimmte alles genau überein. Mein Traum war an einem Dienstagmorgen. Und Christoph war in der Nacht von Montag auf Dienstag gestorben! Und um ganz sicher zu gehen, dass ich mir das nicht alles einbilde, ließ ich mir von meiner Frau bestätigen, dass unser Gespräch an diesem Morgen des 22. Mai 1995 nach dem Aufwachen – in dem ich ihr von meinem Traum erzählt habe – tatsächlich wie oben beschrieben stattgefunden hat. Sie konnte sich gut daran erinnern."

Besonders beachtenswert sind Nachtodbegegnungen, die Bewältigung von Trauer, Trost oder gar Versöhnung in sich bergen. Letzteres geschah in dem, was die Künstlerin B. aus Oberbayern schreibt:

„Ich war mit meinem Lebenspartner unterwegs, im Oktober, am Rhein. Ich hatte mit meinem Vater keinen Kontakt, jahrelang, ich schrieb ihm nur zu Weihnachten und am Geburtstag. Meine Stiefmutter wollte nicht, dass ich ihn kontaktiere. Mit ihr habe ich mich nie verstanden. Sie kam in mein Leben, als ich sieben war. Meine Mutter wurde von meinem Vater geschieden, als ich zwei war, und ich wuchs bei meinen Großeltern auf, bis mein Vater wieder heiratete. Ich hatte Fotos von meinem Vater, auch als er bei der Wehrmacht war, auch von Russland. Ich träumte, mein

Vater kam zur Tür rein. Ich saß an einem Tisch in einem recht kahlen, anonymen Raum. Mein Vater sah jung aus, wie auf dem Foto, in Soldatenuniform. Er kam lächelnd auf mich zu. Er war in überirdisch helles Licht getaucht und strahlte unendliche Liebe aus, Liebe, die er mir als Kind und auch später nie gegeben hat. Nun umarmte er mich und sagte, er müsse gehen, aber er sei dennoch immer bei mir. Dann war alles vorbei, und ich wachte auf.
Ich erzählte meinem Lebenspartner den Traum und sagte: ‚Ich glaube, mein Vater ist verstorben.' Ich musste die nächsten zwei Tage noch daran denken, bis wir zu Hause waren. Auf dem Anrufbeantworter waren Gespräche gespeichert. Unter anderem auch mein jüngerer Bruder. Er sagte, mein Vater sei verstorben und auch schon beigesetzt. Da hatte er sich noch von mir verabschiedet! Ich war oft sauer auf ihn zu Lebzeiten, aber nach dem Traum habe ich allen Gram und die Vorwürfe fallen gelassen. Mit dieser inneren Versöhnung geht es mir wirklich viel besser."

Viele der berichteten Nachtodbegegnungen, wie die beiden geschilderten, ereignen sich unmittelbar nach dem Sterben und haben oft den Charakter oder die Wirkung eines Tröstens oder Verabschiedens. Es kann sich jedoch auch um Kontakte ganz anderer Art handeln. So berichtet der Schweizer analytische Psychologe C. G. Jung (1875–1961) in seinen „Erinnerungen", dass er eines Nachts aufwachte und einen Schmerz im Hinterkopf verspürte. Später stellte sich heraus, dass einer seiner ehemaligen Patienten in genau diesem Augenblick sich eine Kugel in den Kopf geschossen hatte, die im Hinterkopf stecken blieb.[12] Will man allgemein das Phänomen der Nachtodbegegnungen in den Blick nehmen, so steht man vor einer schier unübersehbaren Fülle von verschiedenartigen besonderen Wahrnehmungen. Sie können traumartig sein oder wie ein normales Treffen am Tage erscheinen. Der Verstorbene mag teilweise oder ganz zu sehen sein oder sich durch Berührung, akustisch oder einen erkennbaren Geruch bemerkbar machen. Es gibt bewusste Aktivitäten, mit Hilfe von „Medien", in Séancen oder Ritualen mit Toten in Verbindung zu treten. Wir beschränken uns hier auf spontane Nachtodbegegnungen. Zum einen erscheint eine Analogie zu Nahtoderfahrungen nur für diese sinnvoll. Zum andern halten wir uns von einem weiten Feld fraglicher Praktiken fern, in denen Täuschung, Selbsttäuschung oder weltanschauliche Beschwörung zu befürchten sind. Dabei enthalten wir uns eines Urteils und lassen stehen, ob und inwiefern gesuchte Begegnungen mit Verstorbenen spontanen Nachtodbegegnungen vergleichbar sein können.

Die genannten Autoren Judy und Bill Guggenheim ziehen ebenso diese Grenzen. Ihre Definition von „Nachtodkontakten" erscheint sinnvoll:

„Ein Nachtodkontakt (NTK) ist eine spirituelle Erfahrung, bei der ein Mensch direkt und spontan von einem verstorbenen Familienangehörigen oder Freund kontaktiert wird."[13]

Eine strenge Begriffsbildung und Abgrenzung ist natürlich kaum möglich. Besonders schwer erscheint es, gewöhnliche Träume, in denen Verstorbene vorkommen, von Nachtodbegegnungen im Traum zu unterscheiden. Hier sei eine persönliche Erfahrung eingeflochten: Manchmal träume ich von meiner im Alter von 13 Jahren unerwartet verstorbenen Tochter Esther, die nun schon länger nicht mehr unter uns weilt, als ihre Lebenszeit betrug. Ich bin dann glücklich, sie zu sehen oder gar in den Arm nehmen zu können. Gleichzeitig bin ich aber traurig, denn ich weiß auch im Traum, dass sie nur kurz da ist und gleich wieder gehen muss. – Ist es eine Nachtodbegegnung oder aus dem Unbewussten aufsteigendes Bilderleben? Ich neige zur Annahme des Letzteren, weil der Ablauf des Geschehens nicht so klar strukturiert ist, wie das von genügend „tiefen" Nahtoderfahrungen und analog Nachtodbegegnungen berichtet wird. Letztlich muss ich es offenlassen. Der begrifflichen Abgrenzung kommt durchaus ein großes Gewicht zu. Denn die Kernfrage ist: War die oder der Verstorbene in irgendeiner „realen" Weise anwesend oder nur visionär an die Oberfläche gekommene Erinnerung? Was „real" hierbei bedeuten kann, ist zentrales Thema der verschiedenen Kapitel dieses Buches. Die Frage des Realgehaltes verbindet sogar in doppelter Weise Nachtodbegegnungen mit Nahtoderfahrungen: Zum einen ist bei Letzteren die Erscheinung von verstorbenen Freunden oder Verwandten im Lichterlebnis so etwas wie eine Nachtodbegegnung. Die Kommunikation geschieht meist ohne Worte, ist eine Art telepathischer Verständigung trotz visuellen Kontaktes. Zum andern ist eine im Nachtoderlebnis wahrgenommene Gestalt ebenso wenig körperhaft wie die im Schwebeerlebnis der Nahtoderfahrung bei der Selbstwahrnehmung erkannte, wird aber in beiden Fällen als in einem höheren Sinn real angenommen. Dass Nachtodbegegnungen in der Forschung nicht so viel Beachtung auf sich ziehen wie Nahtoderfahrungen, dürfte damit zusammenhängen, dass bei Letzteren die Fragen einer Loslösung der Seele vom Körper mit den „Zurückgekehrten" besprochen werden können, während wir von Verstorbenen in ihren Erscheinungen wenig erfahren. Das darf aber nicht darüber hinwegtäuschen, dass Nachtodbegegnungen zahlenmäßig weitaus (grob geschätzt fünfmal) stärker verbreitet sind als Nahtoderfahrungen. In einer Umfrage des National Opinion Research Center der USA von 1987 gaben 42 % der erwachsenen US-Bürger an, schon einmal Kontakt mit einem Verstorbenen gehabt zu haben. Bei Frauen betrug der Anteil sogar 67 %. Die Guggenheims kommen in ihren neueren Untersuchungen – bei der oben genannten eingegrenzten Definition der „Nachtodkontakte" – immer noch auf 20–40 %. In Europa ergab eine in 13 Ländern durchgeführte Umfrage (European Human Values Survey, Notiz von 2006), dass 25 % der Menschen „einen direkten Kontakt mit einem Verstorbenen erlebt" haben.[14]

Aufschlussreich ist, was Bill und Judy Guggenheim über ihr 1988 gestartetes Projekt berichten. Sie wandten sich an Trauergruppen, Kirchen, Sterbekliniken, Selbsterfahrungsgruppen, Selbsthilfegruppen, Wohlfahrtseinrichtungen und spirituelle Buchläden, hielten Seminare ab und fanden bald Echo in den Medien. So kamen unerwartet viele Berichte zusammen, vorwiegend Telefoninterviews.

„*Uns wurde immer deutlicher, dass so gut wie alle Betroffenen – auch jene, die sich als eingefleischte Skeptiker bezeichneten – durch einen Nachtodkontakt sowohl emotionell als auch spirituell stark beeinflusst worden waren. 1993 endlich waren auch wir davon überzeugt, dass in den Berichten, die wir erhielten, authentische Kontakte mit Verstorbenen beschrieben wurden.*

Es dauerte insgesamt sieben Jahre, bis das NTK-Projekt zu seinem Abschluss kam. Während dieser Zeit sammelten wir mehr als 3200 Berichte aus erster Hand, indem wir 2000 Menschen aus fünfzig amerikanischen Bundesstaaten und den zehn kanadischen Provinzen befragten. Diese Menschen kamen aus allen Lebensbereichen, Berufen und sozialen Schichten. Der Jüngste war acht Jahre, der Älteste zweiundneunzig.

Fast alle Interviewten waren im christlichen oder jüdischen Glauben aufgewachsen. Während der Interviews sprachen manche vom Himmel in seiner traditionell christlichen Bedeutung, andere benutzten das Wort als Synonym für ein künftiges Leben."[15]

Die Umfrage war also nicht repräsentativ in dem Sinne, wie das von wissenschaftlichen Instituten geleistet wird. Aber sie führt über trockene Zahlen hinaus in die lebendige Vielfalt hinein, die in den Spontankontakten zutage tritt. Von den vielen Aspekten, die sich dabei aufdrängen, seien nur einige skizziert.

Wir stellten schon die Frage nach Indizien, die für die „Gegenwart" eines Verstorbenen sprechen und das Erlebnis deutlich über einen Traum, einen Tagtraum oder die Fehldeutung einer Wahrnehmung hinausführen, und erwähnten bereits die Rolle telepathischer Kontakte. Dazu ein Beispiel, das dem oben genannten mit Jan G. ähnelt. Edith, Trauerbegleiterin aus Florida, erlebte mit dem 65-jährigen Patienten Howard Folgendes:

„Ich war zu Hause, als die Krankenpflegerin mich anrief und mir sagte, dass Howard im Sterben liege, es aber noch Stunden dauern könne. Seine Frau bat darum, dass ich kommen solle, um sie zu unterstützen. ‚Natürlich', sagte ich und ging mich umziehen.

Ich stand in meinem begehbaren Kleiderschrank, als ich plötzlich Howards Gegenwart spürte. Er war rechts neben mir. Es ging eine Art Leichtigkeit von ihm aus, viel Freude und das Gefühl von Freiheit. Es kam mir vor, als könne ich in meinem Herzen sein Lebewohl hören und seinen Dank, dass ich mich um ihn gekümmert hatte. Er blieb nicht lange, vielleicht dreißig Sekunden.

Als ich aus dem Wandschrank trat, warf ich einen Blick auf die Digitaluhr. Sie zeigte 4.23 Uhr. Ich zog mich fertig an und fuhr zu Howards Haus. Als ich klingelte, sagte mir seine Frau, dass er um 4.23 Uhr gestorben sei."[16]

Dieses Mal geht es um Abschied statt Hilferuf. Die präzise Zeitfeststellung ist aber jetzt Indiz dafür, dass die Begegnung im Todesaugenblick geschah; vielleicht „auf dem Weg", nachdem sich Howards Seele vom Körper gelöst hatte. Das wäre insofern plausibel, als es dem entspricht, was von vielen Nahtoderlebnissen berichtet wird, mit dem Unterschied, dass der Betroffene nicht mehr zurückkehrt. Es könnte indessen auch, wie bei Jans Vater vermutet, ein telepathischer Kontakt unmittelbar vorher gewesen sein; letztlich wissen wir es nicht. Entscheidend ist, dass eine faktische, wenn auch nicht im gewöhnlichen Sinne physische Begegnung deutlich nahegelegt wird.

Ein weiteres Indiz (nicht Beweis) für die „wirkliche" Anwesenheit des Verstorbenen kann in einer neuen Information liegen. Bess aus Florida beispielsweise berichtet von der folgenden Begegnung, die sie einige Wochen, nachdem ihr Vater an Krebs gestorben war, erlebte:

„Ich habe immer für meine Familie sorgen können, aber damals hatte ich gerade meinen Job verloren und noch keinen neuen gefunden. Ich war geschieden, und die Kinder und ich hatten nichts zu essen. Ich lag auf dem Sofa, da kam mein Vater. Er war sehr besorgt um mich und die Kinder und machte ein ernstes Gesicht. Er sagte: ‚Bess, wenn du in mein Haus gehst und in den alten Koffer schaust, den ich schon so lange habe, findest du etwas Geld. Es ist nicht viel, aber du kannst wenigstens Essen für die Kinder kaufen.' Es war seine Stimme – ich hörte ihn sprechen. Dad sah ein bisschen jünger aus und schien gesund zu sein. Ich sprang auf, und er verschwand so schnell, wie er gekommen war. Ich ging gleich am Nachmittag in sein Haus und suchte den Koffer. Und tatsächlich fand ich in einem weißen Umschlag 101 Dollar! Da wusste ich, dass sich Dad wirklich um uns kümmerte."[17]

Auch über vorausweisende, ein Unglück verhindernde Hinweise durch Verstorbene wird berichtet. Pattie aus Nebraska, 33 Jahre alt, schildert folgendes Erlebnis fünf Monate nach dem Tod ihres Vaters:

„Ich fuhr mit siebzig Stundenkilometern in dichtem Verkehr auf der Autobahn nach Hause, Stoßstange an Stoßstange. Ich hockte träge auf meinem Sitz, einen Finger an das Lenkrad gehakt, und hing meinen Gedanken nach.
Plötzlich hörte ich die Stimme meines Vaters im Kopf. Er sagte streng: ‚Setz dich gerade hin! Fass das Lenkrad mit beiden Händen an! Leg den Sicherheitsgurt an, weil du gleich eine Reifenpanne haben wirst.' Ich hörte ihn klar und deutlich.
Ich schoss den Sitz hoch, schnallte mich schnell an und packte das Lenkrad mit beiden Händen. Nach einem knappen Kilometer

machte es ‚Bumm', und der Reifen explodierte. Aber ich war darauf gefasst und konnte das Auto an den Straßenrand lenken. Ich will gar nicht daran denken, was passiert wäre, wenn ich darauf nicht vorbereitet gewesen wäre!" [18]

Nun gibt es bei den meisten Nachtodbegegnungen keinen entsprechenden Hinweis auf einen „objektiven" Sachverhalt, der das Erleben aus einer rein subjektiven Vorstellung heraushebt. Aber Anhaltspunkte dafür, dass überhaupt das Ungewöhnliche geschieht, sind die besonderen Ereignisse schon. Sie ersetzen nicht die Bereitschaft, die Gegenwart von Verstorbenen für möglich zu halten. Ein Skeptiker wird immer wieder ein Haar in der Suppe finden und notfalls von Zufall oder eingebildeter Erinnerung reden. Öffnet man sich aber für die weitere Sicht, dann tauchen ähnliche Fragen wie bei Nahtoderlebnissen auf. Sie betreffen die lebensverändernde Wirkung von Nachtodbegegnungen ebenso wie die Frage Diesseits-Jenseits, die Suche nach einem neuen Weltbild.

Bemerkt sei noch, dass von dem amerikanischen Psychologen Allan Botkin eine Trauer- und Trauma-Therapie entwickelt wurde, ursprünglich für Vietnam-Veteranen, die behutsam Begegnungen mit Verstorbenen einleitet. Sie ist inzwischen auch in Deutschland vertreten. Näheres darüber findet man in dem einschlägigen Buch Botkin/Hogan (2009) mit einem Geleitwort zur deutschen Ausgabe von Juliane Grodhues.

Nicht unerwähnt bleiben soll, dass sich die Guggenheim'schen wie manche andere Untersuchungen auf einen bestimmten Ausschnitt westlicher Kultur beziehen. Es gibt natürlich ausgedehnte Studien über Ahnenkulte bei Urvölkern, Totenbeschwörungen und die Begegnung mit Toten in anderen Religionen. Es geht dabei nicht nur um „Trost aus dem Jenseits", sondern auch um Ängste, Abhängigkeiten oder Bedrohungen, wie es auch bei uns, wenngleich in der

Minderheit, „negative" Nachtodbegegnungen gibt. Das müsste sorgfältig differenziert werden, um das Universale in Nachtodbegegnungen herauszuarbeiten. Wir begnügen uns hier mit der überwältigenden Fülle von nachdenkenswerten, nachhaltigen Erlebnissen in unserem Kulturkreis, die etwas von dem erahnen lassen, was hinter der Todesschwelle geschieht.

8. Psi-Phänomene

Sowohl Nahtoderfahrungen wie Nachtodbegegnungen sind hinsichtlich ihres Realitätscharakters nicht zu verstehen, ohne dass man außersinnliche Wahrnehmung einbezieht. Wir haben das im vorigen Kapitel besonders an telepathieartigen Wahrnehmungen bei Nachtodbegegnungen erläutert. Zwar gibt es viele innere Begegnungen mit Verstorbenen, bei denen es sich um einen Traum oder Tagtraum handelt, eine dem Unbewussten entstammende Erscheinung von Menschen, zu denen man einen Bezug hat. Aber die Beispiele, die wir angeführt haben, lassen sich durchweg nicht auf diese Weise erklären, da weitergehende, objektiv nachprüfbare Fakten im Spiel waren. Man müsste sonst denen, die erzählen, Betrug unterstellen. Dazu besteht aber kein Anlass. Natürlich schränkt die Subjektivität der Berichte ihre wissenschaftliche Relevanz ein. Die Van-Lommel-Studie (s. weiter oben S. 11 ff) immerhin erfüllt durch ihre besonderen Umstände die Kriterien, die für medizinische Forschung zugrunde gelegt werden.

Mit unseren Betrachtungen tragen wir also insgesamt gesehen zum weiteren Bereich der sogenannten Psi-Phänomene bei, zu denen außer Telepathie Hellsehen, Psychokinese, Präkognition und viele andere ungewöhnliche Erscheinungen zählen. Hellsehen wird im Allgemeinen „präsentisch" verstanden, als gegenwärtige optische Wahrnehmung von Ereignissen, ohne die Retina des Auges zu benutzen. In die Zukunft gerichtetes Hellsehen stimmt mit Präkognition überein. Man kann noch „Retrokognition" hinzufügen, Hellsehen in die Vergangenheit. Diese spielt insbesondere als Alternative zur reinkarnatorischen Erinnerung eine Rolle. Psychokinese (= psychisch bedingte Bewegung von materiellen Objekten) oder andere physikalische Prozesse, die nicht durch bekannte Gesetzmäßigkeiten verursacht werden, kommen auch in Berichten über Nachtodkontakte vor.

Spukgeschichten, Unterhaltungsindustrie und spiritistische Praktiken haben stets eine seriöse Erforschung von Psi-Phänomenen erschwert. Hinzu kommt eine weltanschauliche „Sperre", die viele naturalistisch denkende Zeitgenossen veranlasst, die Existenz von Psi-Phänomenen schlicht zu leugnen, nach dem Motto „Es kann nicht sein, was nicht sein darf". Dennoch hat sich seit mehr als hundert Jahren, wenn auch an den Rand der Wissenschaft gedrängt, eine Forschung über Psi-Phänomene entwickelt, früher meist Parapsychologie genannt, heute eher Anomalistik. Eines der bedeutenden Institute auf diesem Gebiet ist das „Institut für Grenzgebiete der Psychologie und Psychohygiene" (IGPP) in Freiburg (Breisgau).

Angesichts der ablehnenden Haltung vieler Naturwissenschaftler ist es erstaunlich, dass Psi-Phänomene in der Technik kein Tabu darstellen. So hat die Firma Sony in Japan 1991 eigens ein Forschungslabor eingerichtet, das die psychokinetischen Einflüsse des menschlichen Gehirns auf empfindliche Elektronik untersucht. Vor allem die Militärtechnik ist aktiv geworden. So hat die Central Intelligence Agency (CIA) in den USA während des „Kalten Krieges" viele Millionen in die Erforschung und Anwendung von Hellsehen (remote viewing) zu Spionagezwecken investiert. Als jedoch einer der führenden Hellseher und Offizier McMoneagle 1979 ein in der Nähe von Leningrad im Bau befindliches riesiges U-Boot beschrieb, glaubte man im Pentagon nicht, dass so etwas möglich ist; es war jedoch, wie man später einsehen musste, das erste sowjetische Atom-U-Boot. Insgesamt erreichte man „nur" eine Erfolgsquote von etwa 20 % – für die Militärs zu wenig, für die Forscher ein statistisch relevanter Nachweis, dass Psi-Phänomene existieren.

Auf sowjetischer Seite lag der Schwerpunkt analoger Bemühungen schon in der Zeit Stalins auf Psychokinese als Möglichkeit, feindliche Führungskräfte fehlzuleiten. Eine Reihe von Instituten befasste sich damit.[19]

Offensichtlich sind Psi-Phänomene nicht auf den Menschen beschränkt. Wenn ein Hund unruhig wird, weil Herrchen kommt, braucht Herrchen noch nicht in der Umgebung des Hauses zu sein, sondern hat sich vielleicht gerade in seinem Büro einige Kilometer entfernt entschlossen, nach Hause zu fahren.[20] Sigmund Freud, der in fortgeschrittenem Alter seine Meinung über Psi revidierte, stellte den Gedanken zur Diskussion, dass in frühen Stadien der Evolution, vor der Entstehung von Pieplauten, Telepathie für die Kommunikation von Mutter und Jungtier eine Rolle spielte, ferner auch heute noch in Ameisenkolonien von Bedeutung ist.

Es gibt eine Anzahl von Übersichtswerken, die ernsthafte Forschungsergebnisse zusammenstellen, sowohl aus Beobachtungen wie aus Experimenten gewonnene. Wir heben eins besonders hervor, weil wir später bei den quantenphysikalischen Aspekten von Nahtoderfahrungen darauf zurückkommen: *Dean Radin, Entangled Minds. Extrasensory Experiences in a Quantum Reality* (2006). Leider ist es nicht ins Deutsche übersetzt. Radin stellt nicht nur eine Fülle von Ergebnissen der Psi-Forschung der vergangenen Jahrzehnte zusammen. Er trägt, insbesondere mit eigenen Untersuchungen, auch zu neuen methodischen Perspektiven bei, die durch die Quantenphysik eröffnet werden.

II. Quantenphysik und Bewusstsein

1. Materie, Licht und die Quantenwelt

Wir wollen nun die materialistische Meinung, Bewusstsein, Seele und alles Geistige seien materielle Vorgänge, hinterfragen. Zu diesem Zweck nehmen wir erst einmal genau unter die Lupe, was die heutige Physik unter Materie versteht. Wir werden sehen, wie weich der scheinbar feste Boden des Materiellen ist und wie sich neuartige Beziehungen zum Geistigen ergeben. Die neue Welt, die sich auftut, nennen wir kurz Quantenwelt. Licht und Materie sind in ihr eng verwandt, und so wird oft die Betrachtung des Lichtes exemplarischer Leitfaden sein.

Sprache und Anschauung setzen uns stets Grenzen; später soll noch mehr davon die Rede sein. Schon am Beispiel der Größe und des Baus von Atomen wird das deutlich. – In einem schwedischen Märchen verzaubert ein kleiner Kobold Kinder für eine Weile zu winzigen Geschöpfen, um ihnen die Welt in einer Ameisenperspektive zu zeigen. Grashalme werden zu großen Bäumen, Blumen zu riesigen Sonnenschirmen, und kleine Käfer erscheinen als monströse Bewohner der Bodenwelt. In ähnlicher Weise wollen wir einmal gedanklich in die Welt der Atome und Elektronen hinabsteigen. Die Größenverhältnisse ändern sich dabei noch ungeheuerlich stärker als beim Koboldzauber. Wir nehmen uns beispielsweise vor, bei einem Metallspiegel, also bei einem Stück poliertem Eisenblech, ein einzelnes Atom in Fußballgröße zu sehen. Statt uns selbst verkleinert, können wir uns auch das Metallblech vergrößert denken. Um ein Atom fußballgroß erscheinen zu lassen, müsste das Blech in etwa die Ausmaße einer tausend Kilometer dicken Fahne annehmen, die zwischen Erde und Mond flattert, wobei eine Ecke der Fahne auf der Erde und eine benachbarte Ecke auf dem Mond befestigt wäre.

Nun hat man schon vor mehr als hundert Jahren die Vorstellung entwickelt, dass ein Atom aus einem Atomkern und einem Elektron oder mehreren Elektronen besteht, die den Atomkern ähnlich umkreisen wie die Planeten die Sonne. Der „Fußball" ist also „in Wirklichkeit" ein Gebilde, bestehend aus einem fast punktförmigen Kern in der Ballmitte und noch kleineren Gebilden in der Nähe des Leders. Um hierbei die Größenverhältnisse zu verdeutlichen, denken wir uns den Ball noch einmal erheblich vergrößert, etwa durch ein Fußballstadion wie die Allianz-Arena in München ersetzt. Der Atomkern ist dann ein erbsengroßes Gebilde im Anstoßpunkt des Fußballfeldes, und die Elektronen kreisen wie Pfefferkörner durch die Ränge. Viel „Materie" bleibt also nicht, wenn man sich Atomkern und Elektronen als kleine Kügelchen und dazwischen nur leeren Raum denkt. Könnte man alle derartigen Kügelchen eines Objektes auf einen Haufen zusammenschieben, dann bliebe, jetzt wieder in Realgröße gedacht, etwa von einem Ozeandampfer ein Gebilde ungefähr von der Größe eines Stecknadelkopfes!

Das ist schon sehr erstaunlich. Aber die eigentliche Überraschung kommt erst noch: Die kleinen Kügelchen – Atomkerne und Elektronen – gibt es gar nicht! Sie sind modellhafte Umschreibungen recht geheimnisvoller Phänomene. Und den leeren Raum gibt es auch nicht. Der mittelalterliche „horror vacui", die Abscheu der Natur vor der Leere, ist gewissermaßen zurückgekehrt. Das soll nicht heißen, der Raum sei mit so etwas wie „feinstofflicher Substanz", einem

„Äther", ausgefüllt. Wir fingen dann erneut an, nach Kügelchen zu suchen, und das Spiel begänne von vorn. Der Raum selbst ist, ebenso wie die Zeit, nicht nur formale Bedingung für jegliches Ereignis und unsere Wahrnehmung desselben. Raum und Zeit sind Träger von Möglichkeiten, Potenzialitäten, deren Realwerden wir im Grunde nur staunend in „Gleichnisse" zu fassen suchen. Diese Gleichnisse drücken wir in der uns geläufigen Sprache aus, reden von „Teilchen", „Wellen", „Kernen". „Anziehungskräften", führen aber auch Kunstwörter wie „Elektronen", „Photonen" oder „Moleküle" ein. Dass wir in der konzentrierten Sprache der Mathematik dauerhaft geltende Beziehungen zwischen diesen Begriffen finden, Formeln, die Teilaspekte der Wirklichkeit wiedergeben, ist so etwas wie ein Wunder, das wir letztlich nicht begründen können.

Das klingt alles sehr ungewohnt und fern unserer alltäglichen Erfahrung. Aber die Unvollständigkeit unserer gewöhnlichen Sinneserfahrung liegt ja nicht ganz fern. Wie kommt es etwa, dass sich Erde und Mond gegenseitig anziehen, ohne dass Gummiseile zwischen ihnen gespannt sind? Schon Newton staunte darüber und hatte trotz seiner Formeln für die Anziehung und Bewegung der Gestirne keine physikalische Antwort. Außerdem nutzen wir reichlich die technischen Anwendungen der merkwürdigen physikalischen Überlegungen bei Handy und Spülmaschine, ohne deren innere Struktur zu verstehen. Und kehren wir noch einmal in das Fußballstadion mit den Kügelchen zurück: Was die Anziehung zwischen Atomkern und Elektronen und die schnellen Bewegungen der „Pfefferkörner" angeht, gab das Kügelchenmodell keinerlei Erklärung. Hier blieben Rätsel bestehen.

Warum nennen wir den so umrissenen Untergrund des Kosmos die Quantenwelt? Es geht um kleinste Einheiten in dieser Welt. In der „klassischen" Physik bis etwa 1900 dachte man sich die Atome als kleinste Einheit aller Dinge. Das hatte schon mit Demokrit in der Antike begonnen; er schuf den Begriff „atomos", das „Unteilbare". Dann aber teilte man die Atome und teilte auch Atomkerne (was zu den Atombomben führte). Schließlich zerfloss alles Dingliche, wie wir gerade gesehen haben. Dennoch ist die Vorstellung vom „Kleinsten" geblieben, jetzt „Quant" genannt. Es ist ein kleinster Zustand, der aus der Potenzialität der Raumzeit fließt und verschiedene Gestalt haben kann: Elementarschwingung, Drehmoment, eine „Portion" Energie. Mit den Energieportionen fing es überhaupt an; Max Planck entdeckte sie im Jahr 1900 als kleinste Einheiten bei der Energie einer Wärmestrahlung. Auch Raum und Zeit selbst denkt man sich „gequantelt", eine Art Stopp für physikalisch sinnvolles weiteres Teilen; es liegt bei einem Bruchteil eines Zentimeters mit 32 Nullen hinter dem Komma und dem Bruchteil einer Sekunde mit 42 Nullen hinter dem Komma. Das erweist sich aus Experimenten und theoretischen Überlegungen als sinnvoll; warum es so ist, weiß niemand.

Eine so gequantelte Welt tritt also sowohl an die Stelle des leeren Raumes oder Vakuums wie der „Dinge" darin, ebenso der Kräfte. In einem etwas unglücklichen Sprachgebrauch sagt man auch „Quantenvakuum". Es bringt nicht nur Quantenzustände hervor, die sich dann zu dem gruppieren, was wir Elektronen, Atome, Moleküle oder auch Photonen, Kernkräfte, Gravitonen (kleinste Einheiten der Gravitation) nennen. Aus dem – bislang letztlich unverstandenen – Urgrund des Seins, hilfsweise Quantenvakuum genannt, erscheinen auch die Elemente des Lebens und des Geistes. Das jedenfalls ist eine Annahme, mit der wir uns noch auseinanderzusetzen haben, wenn es um Bewusstsein und Seele geht.

Um in der so entwickelten Skizze der Quantenwelt konkreter zu werden, nehmen wir uns zuerst das Thema der Messung von Quantenzuständen vor und erläutern es gleich in Verbindung mit einem verunglückten Versuch mancher esoterischer Richtungen, mit seiner Hilfe das Verhältnis von Bewusstsein und Sein zu klären.

2. Schafft Bewusstsein das Sein?

Die klassische Hirnbiologie geht im Allgemeinen von der Annahme aus, dass jede geistige und jede psychische Regung des Menschen Ergebnis von Hirntätigkeit ist. Ein philosophischer Ausdruck hierfür ist der Satz: „Das Sein schafft das Bewusstsein." Er stellt eine Art Bekenntnisformel des sogenannten Naturalismus dar, einer vom Geschmack des Ideologischen befreiten Form des Materialismus. Wie lautet die logische Negation dieses Satzes? Allzu oft wird sie in der „umgekehrten" Aussage gesehen: „Das Bewusstsein schafft das Sein." Die Negation besagt aber nur: „Das Sein schafft höchstens teilweise, nicht ganz das Bewusstsein." Sie soll uns später beschäftigen.

„Das Bewusstsein schafft das Sein" ist eher eine Bekenntnisformel mancher esoterischer Richtungen, etwa eines „monistischen Buddhismus", wie er in dem – als Dokumentarfilm in den USA preisgekrönten – Streifen *Bleep. Was in der Welt sind wir* von 2008 anhand dieser Formel illustriert wird. (Die Filmemacher stehen unter dem Einfluss einer Frau, die nach eigener Aussage von einem Mann „gechannelt" wird, der vor 20 000 Jahren in der inzwischen untergegangenen Stadt Atlantis gelebt hat.) Die Formel wird unter anderem quantenphysikalisch begründet, und zwar folgendermaßen:

Wir betrachten die Messung eines Quantenzustandes, prototypisch den Ort eines Elektrons. Im „Fußballstadion" von vorhin würde man vielleicht mit einer guten Blitzlichtkamera eines der „Pfefferkörner" zum Zeitpunkt des Blitzes auf eine Fotoplatte bannen. Je nach Qualität der Kamera und des Versuchsaufbaus könnte man so den Ort des Elektrons beliebig genau ermitteln. – Wir stellten aber schon fest, dass es das „Kügelchen" Elektron nicht gibt. Der genauere Sachverhalt ist so – und darauf können sich die genannten Esoteriker in der Tat berufen –: Bei der Messung des Ortes eines Elektrons mit quantenphysikalischen Messgeräten (vergessen wir jetzt das Fußballstadion) wird nicht der Ort, den ein Elektron gerade hat, festgestellt. Vielmehr nimmt ein „verschwommenes" Etwas als Folge der Messung einen festen Ort an, den wir als Ort des Elektrons registrieren. Das „Sein" des Elektrons ist also durch den bewussten Akt des Messens hervorgerufen, aus einer möglichen Existenz in eine reale Existenz geholt. In der Tat sagt das die Quantentheorie und ist keine Erfindung von Esoterikern.

Haben diese also doch recht, wenn sie, was naheliegt, von einem Elektron auf alle materiellen Teilchen schließen und so den Satz zumindest bestätigt sehen, dass das Bewusstsein das Sein schafft? – Der Fehlschluss betrifft schon ein einzelnes Elektron: Zum „Sein" gehört nicht nur die Existenz, sondern auch die Gestalt, nicht nur das „Dass", sondern auch das „Wie". Bei der Quantenmessung des Ortes – und das ist der entscheidende Punkt – ist der Ort zufällig, also unabhängig vom bewussten Willen des Beobachters. Erst recht verfügt dann das Bewusstsein nicht über die Gestalt, die sich aus vielen Elektronen und anderen Teilchen zusammensetzt. Das Bewusstsein schafft nicht das Sein; es gibt nur den Anstoß, dass sich ein Sein konstituiert. Bei der Ortsmessung des Elektrons geht es also ähnlich zu wie in einem Hotel, wenn der Hotelboy einen Gast zu einem bestimmten Zeitpunkt wecken soll. Klopft der Boy pünktlich und bewusst an die Zimmertür, dann veranlasst er den Gast, seine Füße auf den Boden zu setzen, er bestimmt aber nicht, wo das geschieht. Solange die Füße des Gastes im Bett weilten, gab es viele „potenzielle Bodenorte" neben dem Bett, wo er sie, mehr oder weniger zufällig, aufsetzen würde. (Der vorherige Ort im Bett entfällt natürlich beim Elektron.) Die Wahl lässt sich aber nicht aus dem bewussten Türklopfen ableiten.

Schließlich sei noch eine historische Bemerkung hinzugefügt. Erwin Schrödinger (1887–1961), ein Pionier der Quantenphysik und Nobelpreisträger, beginnt sein Buch *Geist und Materie* so: „Die Welt ist ein Konstrukt aus unseren Empfindungen, Wahrnehmungen, Erinnerungen."[21] Das hört sich, flüchtig wahrgenommen, so an, als ob dadurch die These „Das Bewusstsein schafft das Sein" gestützt würde. Liest man aber den Schrödinger'schen Satz im Zusammenhang, dann heißt es weiter: „Zwar ist es bequem, sie [die Welt] uns an und für sich einfach schlechthin vorhanden zu denken. Aber sie ist anscheinend nicht durch ihr bloßes Vorhandensein auch wirklich manifest."[22] Es geht also um das *Manifestwerden* des durchaus Vorhandenen, nicht um das *Zustandekommen* von Vorhandenem. Dass wir die im Messprozess manifest werdenden Teilchen dann subjektiv zu einem Konstrukt verarbeiten, ist zwar mehr als nur passives Wahrnehmen, aber keine *creatio ex nihilo*. – Van Lommel zitiert in seinem Buch *Endloses Bewusstsein* zwar nur den ersten Satz Schrödingers, sagt aber vorsichtigerweise, „... das Bewusstsein bestimmt, ob und wie wir die Wirklichkeit erleben"[23], nicht: wie sie ist.

Es bleibt also dabei, dass das Bewusstsein nicht das Sein schafft. Immerhin ist aber herausgekommen, dass eine Beziehung zwischen beiden besteht, die ein Fragezeichen ebenfalls hinter den Satz „Das Sein schafft das Bewusstsein" setzt. Der Ort eines Elektrons gehört zu dem, was wir „Sein" nennen, „materielles Sein" sogar. Wie kann er Bewusstsein mit hervorbringen, wenn er Bewusstsein schon voraussetzt?

Wir suchen weiter nach der Verflechtung von Bewusstsein und Materie in der Quantenwelt. Die Forschung hat sie noch lange nicht aufgeklärt, wenn ihr das überhaupt möglich ist. Aber es gibt einzelne Punkte, in denen ein ansatzweises Verstehen aufleuchtet. Einer dieser Punkte weist über die klassische Psychologie hinaus in Richtung einer umfassenderen, auch außersinnliche Wahrnehmung einschließenden Wirklichkeit. Er ist von außerordentlicher Bedeutung für unsere Suche nach einem neuen Leib-Seele-Verhältnis. Wir nähern uns ihm behutsam und schrittweise. „Verschränkung" und „Nichtlokalität" sind die maßgeblichen Stichworte.

3. Verschränkung und Nichtlokalität

Albert Einstein hatte Probleme mit der Quantenphysik. Zwar war ihm für seine Beiträge zu ihr der Nobelpreis verliehen worden (nicht für die Relativitätstheorie). Aber er mochte sie nicht, und zwar wegen ihrer Wahrscheinlichkeitsgesetze, wie beispielsweise zum oben genannten Zufallsverhalten eines Elektrons bei der Ortsmessung. Einsteins Weltbild, das stark von dem Philosophen Spinoza (1632–1677) beeinflusst war, vertrug solche Unbestimmtheiten nicht. Er versuchte im Ernst, die Quantentheorie zu Fall zu bringen oder wenigstens so zu vervollständigen, dass aus den Zufallsgesetzen echte Kausalgesetze würden.

Eine willkommene Schwachstelle sah Einstein in einem exotischen Phänomen, das theoretisch aus der Quantentheorie folgte, aber experimentell nicht belegt war. Erwin Schrödinger nannte es später „Verschränkung". Es bezieht sich auf eine enge Verbindung, die zwei Lichtteilchen (Photonen) oder materielle Teilchen, genauer gesagt deren Quantenzustände, eingehen können. Fliegen diese Teilchen voneinander weg, dann bleibt diese Verbindung bestehen. Sie äußert sich darin, dass sich jede Zustandsänderung – etwa durch Messung – des einen sofort auf den Zustand des anderen überträgt. Man kann zum Zweck der Erläuterung speziell annehmen, dass diese Zustände und Änderungen die gleichen sind. Misst man also einen Quantenzustand bei einem der Teilchen, dann weiß man schon, was herauskommt, wenn beim anderen dieselbe Messung angestellt wird, nämlich dasselbe Ergebnis. Das bringt aber ein Problem mit sich: Wird die Zustandsänderung (etwa durch eine Messung) „sofort" auf das andere Teilchen übertragen, dann heißt das „schneller als mit Lichtgeschwindigkeit". Informationsübertragung kann jedoch nach Einsteins Relativitätstheorie höchstens mit Lichtgeschwindigkeit geschehen. Also bleibt nur die Möglichkeit, dass durch Gesetzmäßigkeiten, die in der Quantenphysik gar nicht existieren („verborgene Parameter"), für jede mögliche Zustandsänderung eines Teilchens das Ergebnis einer Quantenmessung schon festliegt. Deshalb, so besagen die Überlegungen Einsteins – sowie seiner Mitarbeiter Podolsky und Rosen, mit denen er gemeinsam die einschlägige Arbeit 1935 publizierte –, ist die Quantentheorie nicht vollständig.

Es gab heftige Diskussionen unter den Pionieren der Quantenphysik über diese Argumente. Man überlegte allerhand Auswege. Aber letztlich blieb die Lösung des Problems umstritten, und es konnte nur ein geeignetes Experiment Klarheit schaffen. Es verging aber fast ein halbes Jahrhundert, bis ein solches Experiment gelang, also lange nach Einsteins Tod (1955), und zwar 1982 durch den französischen Physiker Alain Aspect nach theoretischen Vorarbeiten des irischen Quantenexperten John Bell. Gab es nun die exotische Zustandsübertragung bei verschränkten Teilchen, die Einstein „spukhafte Fernwirkung" nannte, im Rahmen der gegebenen Quantentheorie oder hatte Einstein mit seiner Kritik, die Quantentheorie sei unvollständig, recht? Die Antwort lautete: Die Natur ist exotisch, Einstein irrte. Das Phänomen der Verschränkung, das die Quantenphysik vorhersagte, gab es wirklich, und mit ihm eine mysteriöse Fernwirkung, Nichtlokalität genannt, die es nun zu erkunden galt.

Das war einer der größten Paukenschläge in der Geschichte der Physik, nicht nur für deren Theorie, sondern auch für die technischen Anwendungen: Quantenverschränkung ist die Grundlage für einen neuen Typ von Computern, „Quantencomputern", die manche Aufgaben milliardenfach schneller lösen als die besten heutigen Rechner. An ihrer Entwicklung wird weltweit fieberhaft gearbeitet.

Auch für unsere Überlegungen zu Bewusstsein und Seele ist, wie schon angemerkt, das Phänomen der Verschränkung von fundamentaler Bedeutung. Vor allem beschäftigt uns die Nichtlokalität, wie sie sich bei voneinander wegfliegenden verschränkten Teilchen zeigt, und das mit ihr verbundene „Zwischending" zwischen Kausalwirkung und zufälliger Korrelation.

Wegen dieser großen Bedeutung wollen wir versuchen, den Nachweis der „spukhaften Fernwirkung" physikalisch wirklich zu verstehen, ohne Fachkenntnisse vorauszusetzen. Der wenig daran interessierte Leser mag die nächsten beiden Kapitel flüchtig durchgehen. (Wir hoffen, dass sein Interesse dabei doch geweckt wird!)

Konkretisieren wir zunächst mit einem Beispiel, wie ein Quantenzustand bei verschränkten Teilchen aussehen kann!

4. Sonnenbrillen für polarisiertes Licht

Fährt man mit dem Auto auf regennasser Straße der tief stehenden Sonne entgegen, so kann man gefährlich geblendet werden. Durch geeignete Sonnenbrillen lässt sich dieser Blendeffekt erheblich reduzieren. Wie funktionieren derartige Sonnenbrillen?

Zu den Grunderkenntnissen der Quantentheorie gehört es, dass Licht sowohl „Wellencharakter" wie „Teilchencharakter" hat. In grober Veranschaulichung verbindet man beides zu „Wellenpaketen", ähnlich den Stoßwellen, die man an einem gespannten Seil erzeugen kann, wenn man ein Ende kurz auf und ab bewegt. Die Stoßwelle „läuft" dann das Seil entlang. Statt das Seilende auf und ab zu bewegen, kann man es auch kurz im Kreis oder einer Ellipse herumwirbeln. Dann wird die Seilwelle schraubenförmig. Auch vom Kunstturnen mit dem Band kennen wir diese Schraubenbewegung.

Das Licht denken wir uns in dieser Weise aus vielen Millionen Photonen als Wellenpaketen zusammengesetzt. Stellen wir uns nun vor, einem Lichtstrahl wird ein Schirm mit einem sehr dünnen Spalt quer in den Weg gestellt. Dann passiert mit jedem Photon des Lichtstrahls, das diesen Spalt trifft, etwas ganz Merkwürdiges, ein typisches Quantenphänomen: Die Wellenspirale durchdringt den Spalt ganz oder gar nicht; sie wird nicht etwa geteilt, ist „unteilbar", wie man das früher einmal vom Atom annahm. Die Wahrscheinlichkeit dafür, dass sie durch den Spalt hindurchgeht, hängt von der Form und der Lage des Wellenpakets zum Spalt ab. Im Extremfall einer ebenen Welle ist beispielsweise die Wahrscheinlichkeit für den Durchgang 100%, 75%, 25% oder 0%, je nachdem, ob der Spalt mit der Wellenebene einen Winkel von 0°, 30°, 60° oder 90° bildet. In jedem Fall, in dem das Photon passiert, wird es zu einer ebenen Welle in einer Ebene, die den Spalt enthält. Der

Vorgang, dass Licht teilweise gelöscht und teilweise in schwingende ebene Wellen in parallelen Ebenen verwandelt wird, heißt Polarisation des Lichts.

In diesem Sinne wird auch das Sonnenlicht, wenn es auf eine nasse Straße fällt, polarisiert, und zwar so, dass die Schwingungsebenen der polarisierten Photonen sämtlich auf der Straße senkrecht stehen. Nun können wir endlich erklären, wie die gesuchten Sonnenbrillen konstruiert werden: Die Linsen müssen Schirme darstellen, die voller horizontaler Spalte sind. Dann lassen sie das senkrecht polarisierte Licht nicht (besser: kaum) durch und löschen so das Blendlicht aus. Derartige Brillen kann man wirklich bauen; es sind die Polarisationsbrillen.

Polarisation des Lichtes bedeutet für jedes betroffene Photon Änderung eines Quantenzustandes, nämlich Übergang seiner Welle in eine ebene Welle oder, falls die Welle schon eben ist, Drehung der Schwingungsebene (oder Auslöschung). Mit diesem Beispiel einer Zustandsänderung wollen wir nun die Untersuchung des Phänomens „Verschränkung" vorantreiben. Polarisiert man von zwei verschränkten Photonen das eine, so wird augenblicklich auch das andere polarisiert. Man kann experimentell erreichen, dass die verschränkten Photonen in entgegengesetzter Richtung davonfliegen und bei den Polarisationen die Polarisationsebenen gleich sind.

Für unsere weiteren Überlegungen ist es nützlich, in dem Schirm, den wir dem Licht in den Weg stellen, nicht nur einen Spalt anzubringen, sondern zwei zueinander senkrechte Spalte. Das hat den Vorteil, dass wir zwei gleichwertige Alternativen vergleichen können. Wir nennen diesen Schirm kurz Polarisator.

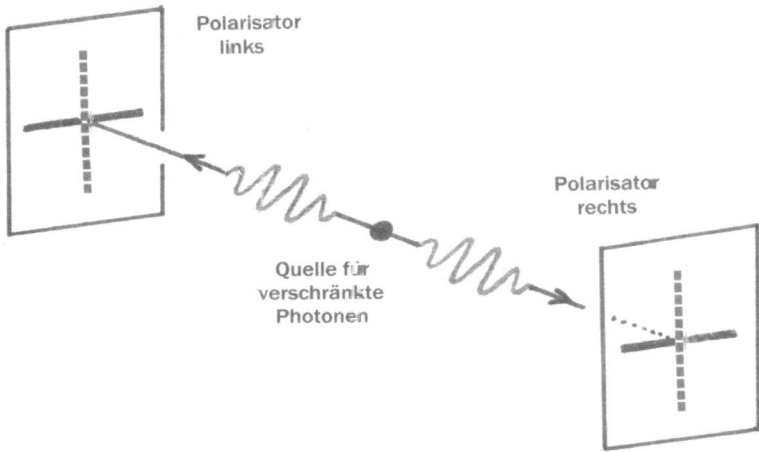

Figur 1

Schematisch können wir uns also die Messung, die eine Verschränkung der beiden Photonen bestätigt, so vorstellen (siehe Figur 1): Wir stellen in gleichem Abstand von der „Quelle" in die Flugbahnen der beiden Photonen einen Polarisator, und zwar so, dass die Flugbahnen die Schirme in den Schnittpunkten der Spalte senkrecht durchkreuzen. Die Spalte der Polarisatoren seien parallel, ansonsten beliebig ausgerichtet. Die Spalte des einen parallelen Paares nennen wir grün (in der Figur ausgezogen), die Spalte des dazu senkrechten Paares rot (in der Figur gestrichelt). Sind dann die Photonen verschränkt, so gehen sie entweder beide durch den grünen oder beide durch den roten Spalt. Das nehmen wir sozusagen als das Kennzeichen dafür, dass sie verschränkt sind.

Ein solches verschränktes Paar von Photonen experimentell herzustellen ist eine große Leistung. Alain Aspect musste dazu das Licht so stark abschwächen, dass die Photonen einzeln die Lichtquelle verließen. Ferner ist das genaue „Zielen" auf die Kreuzungsstelle der Spalten schwierig. Man umgeht das durch technische Vorrichtungen, die uns nicht zu interessieren brauchen; die Spaltenkreuze drücken die richtigen Argumentationsschritte aus. Schließlich waren präzise Vorrichtungen zur Messung eintreffender polarisierter Photonen zu schaffen. Vor allem aber war eine Idee nötig, wie man überhaupt experimentell über Lokalität oder Nichtlokalität der Verschränkung entscheiden konnte. Eine solche Idee hatte John Bell. Was diese Idee beinhaltet und wie man sie anwendet, soll uns im nächsten Kapitel beschäftigen.

5. Nachweis der „spukhaften Fernwirkung"

Wir verbildlichen die grundlegende Bell'sche Idee – die einen reinen logischen Schluss darstellt – zunächst ohne Physik und denken uns (dem Wiener Physiker Zeilinger[24] folgend) anstelle der verschränkten Photonenpaare eineiige menschliche Zwillinge. Statt der Alternative „das Photon durchdringt den einen oder den anderen Spalt" denken wir uns Eigenschaftspaare „hat blaue oder braune Augen" oder „hat schwarze oder blonde Haare" oder schließlich „ist groß" bzw. „ist klein". Wir betrachten nur Zwillinge, bei denen jeweils nur genau eine der beiden Eigenschaften festgelegt ist, also nicht etwa „dunkelblond" als Mischform zwischen schwarz und blond – wir benötigen echte Alternativen. Dass wir drei Eigenschaftspaare wählen, hat seinen Grund darin, dass wir in der Anwendung drei verschiedene Polarisatorstellungen betrachten werden.

Für derartige Zwillinge gilt die „Lokalitätsannahme": Wenn sie sich an verschiedene Orte begeben und bei beiden stellt jemand ihre Augenfarbe, Haarfarbe oder Körpergröße fest, wird dasselbe Ergebnis herauskommen. Das hat nichts mit einer Fernverbindung zwischen den Beobachtern oder den Zwillingen zu tun. Vielmehr tragen die Zwillinge ja dieselben Gene in sich und sind die „gemessenen" Eigenschaften fest mit den Personen verbunden.

Es sei nun auf einem Sandplatz eine größere Menge solcher Zwillingspaare versammelt. Wir zeichnen drei große Kreise, die sich alle drei überschneiden. Ein Kreis stehe für „blauäugig", einer für „schwarzhaarig", der dritte für „groß". Wir bitten jedes Zwillingspärchen, sich einen Platz zu suchen, der seinen drei genannten Eigenschaften entspricht – in dem jeweiligen Kreis, wenn es blauäugig, schwarzhaarig oder groß ist, sonst außerhalb. Hat es beispielsweise blaue Augen, schwarze Haare und ist klein, dann steht es in dem dunklen Bereich von Figur 2.

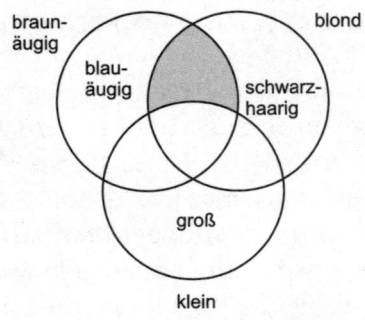

Figur 2

Der dunkle Bereich von Figur 3a drückt die Eigenschaft aus: „ist blauäugig und schwarzhaarig und groß oder klein". Da groß/klein alternativ sind, können wir kürzer sagen „ist blauäugig und schwarzhaarig". Figur 3b markiert entsprechend „blauäugig und groß" und Figur 3c „ist schwarzhaarig und klein".

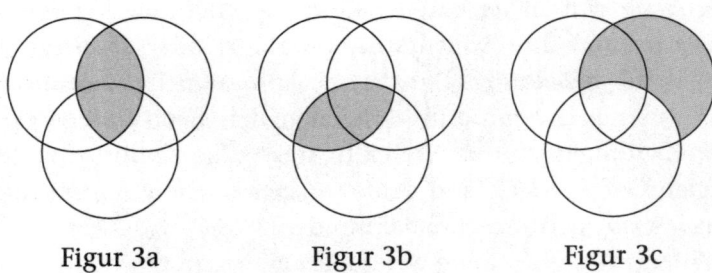

Figur 3a   Figur 3b   Figur 3c

Nimmt man die dunklen Bereiche von Fig. 3b und Fig. 3c zusammen („Vereinigungsmenge"), dann enthält diese Menge offensichtlich den dunklen Bereich von Fig. 3a (als „Teilmenge"). Daraus schließen wir für die Zwillingspaare, wenn sie sich alle richtig aufgestellt haben („≤" bedeutet „ist kleiner oder gleich"):

Zahl der		Zahl der		Zahl der
blauäugigen und	≤	blauäugigen und	+	schwarzhaar. und
schwarzhaar. Z.		großen Z.		kleinen Z.

Diese Beziehung heißt *Bell'sche Ungleichung*. Man kann ihr verschiedene Varianten geben. Sie lässt sich auch in der Mengensprache ausdrücken, wenn man „Die Menge" statt „Zahl", „enthalten in" statt „≤" und „vereinigt mit" statt „+" schreibt.

Übersetzen wir die Bell'sche Ungleichung nun zurück für verschränkte Photonenpaare statt Paare eineiiger Zwillinge! Wir betrachten drei Polarisatorstellungen. Die erste sei mit horizontalem und vertikalem Spalt (bei beiden Polarisatoren) gewählt. Die Aussage „das Photon kommt durch den waagrechten (grünen) Spalt" ersetze die Aussage „der Zwilling ist blauäugig". Entsprechend ersetze „kommt durch den senkrechten (roten) Spalt" die Eigenschaft „ist braunäugig".

Die zweite Polarisatorstellung entstehe durch Drehung des Spalts um 30° in einer Richtung, die dritte durch Drehung um 60°. Durchtritt des Photons in diesen Richtungen (beide als grüne Spalte realisiert) entspreche „ist schwarzhaarig" bzw. „ist groß", Durchtritt in den dazu senkrechten (roten) Spalten entspreche „ist blond" bzw. „ist klein".

Geht ein Photon bei Polarisatorstellung 0° durch den waagrechten (grünen) Spalt, sagen wir kurz, das Ergebnis ist „Stellung 0°, grün" und verfahren analog bei den anderen Ergebnissen. In einem Schema zusammengefasst, gehen wir also von den menschlichen Zwillingen zu den Photonenzwillingen durch folgende Zuordnung über:

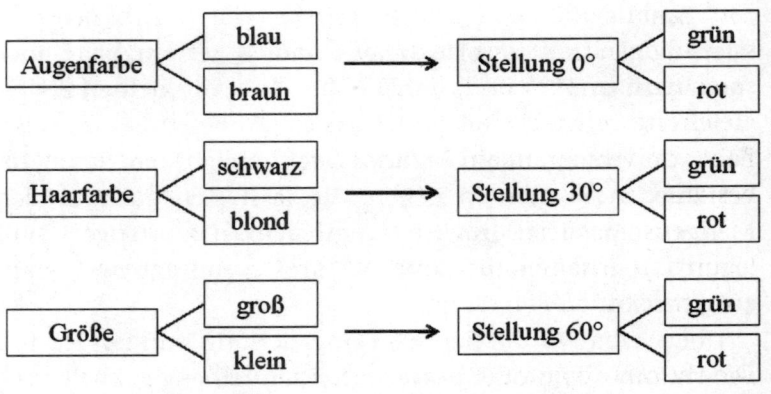

Ehe wir die obige Bell'sche Ungleichung in der neuen Form hinschreiben, machen wir noch Gebrauch von der Voraussetzung, dass es bei den verschränkten Zwillingspaaren von Photonen gleichgültig ist, bei welchem wir messen; wir sagen kurz „links" bei dem einen, „rechts" bei dem anderen und wählen jeweils eine Seite aus. Wir entscheiden uns in der folgenden Ungleichung beispielsweise dafür, dass die jeweils zuerst genannte Messung rechts (r.) und die zweite links (l.) vorgenommen wird. Auf diese Weise können wir für jedes verschränkte Photonenpaar gleichzeitig an jedem der Teilchen eine Messung vornehmen und somit zwei Eigenschaften feststellen, wie für die Bell'sche Ungleichung benötigt. Diese erhält jetzt die Form:

Anzahl d. Ergebnisse Anzahl d. Ergebnisse   Anzahl d. Ergebnisse
Stellung 0°, grün r. ≤ Stellung 0°, grün r. + Stellung 30°, grün r.
und Stellung 30°,   und Stellung 60°,   und Stellung 60°,
grün l.   grün l.   rot l.

Die Spalte zu „0° grün" und „30° grün" bilden einen Winkel von 30°; die Wahrscheinlichkeit, dass beide von den Photonen durchlaufen werden, beträgt – so kann man analog dem Fall eines Photons bei aufeinander liegenden Polarisatoren vermuten (siehe voriges Kapitel) – 75 %. Hingegen bilden sowohl die Spalte zu „0° grün" und „60° grün" sowie die zu

„30° grün" und „60° rot" je Winkel von 60°; die Wahrscheinlichkeit, dass sie beide durchlaufen werden, wäre entsprechend je 25 % und, da 75 > 25 + 25, die Bell'sche Ungleichung verletzt. Man findet das für eine genügend große Zahl von verschränkten Photonen tatsächlich experimentell bestätigt.
Was ist passiert? Das ist nun Gegenstand unserer Überlegungen. Insbesondere interessiert der Hintergrund einer entscheidenden Folgerung:

Die Verschränkung von Photonen ist nichtlokal.

6. Was steckt dahinter?

Der Knackpunkt der Angelegenheit liegt etwas versteckt; wir wollen versuchen, ihn zu verdeutlichen. Für die menschlichen eineiigen Zwillinge war die Bell'sche Ungleichung ein einfacher Schluss der Aussagenlogik. Dabei waren klare, mit „richtig" oder „falsch" bewertbare Aussagen und ihre logischen Alternativen festgelegt. In der Veranschaulichung (durch sogenannte Venn-Diagramme) bedeutete „innerhalb (oder auf dem Rand) des Kreises" jeweils die eine Alternative, „außerhalb des Kreises" die andere. Das logische „und" drückt sich in der „Schnittmenge" aus (etwa „blauäugig und groß" im dunklen Bereich von Figur 3b), das logische „oder" (nicht ausschließend) in der „Vereinigungsmenge" (zum Beispiel rechte Seite der Bell'schen Ungleichung, der die Vereinigung der dunklen Schnittmengen von Figur 3b und Figur 3c zugrunde liegt).

Wir drücken jetzt einmal die Voraussetzungen über die Zwillinge etwas umständlich aus: Wird von einem von zwei Beobachtern das Haar eines Zwillings angeschaut, vom andern das Haar des Zwillingspartners, dann kommt dasselbe Ergebnis heraus: beide schwarz oder beide blond. Entsprechend formulieren wir bei den anderen beiden Eigenschaften. Nur diese ganz spezielle Beobachtungsweise zählt also. Oft genug angewandt, beschreibt sie aber die Eigenschaften der Zwillinge genauso wie das biologische Wissen um die genetische Bestimmung. Allerdings: Wenn etwa ein schwarzhaariger Zwilling sicher ist, dass bei seinem Zwillingspartner gerade die Augen oder die Körpergröße angeschaut wird, und er setzt dann für kurze Zeit eine blonde Perücke auf, dann wird das von den Beobachtern nicht bemerkt. Die Bell'sche Ungleichung kann aber falsch werden.

So etwas Ähnliches passiert bei den verschränkten Photonen: Sie brauchen ja – nach Voraussetzung der Verschränkung – nur dann das gleiche Ergebnis links und rechts zu zeigen, wenn beide Polarisatoren dieselbe Stellung haben (0°, 30°, 60°, entsprechend Augenfarbe, Haarfarbe, Größe). Sonst sind Abweichungen durchaus erlaubt.

Schön, mag man sagen, also war doch gar nicht zu erwarten, dass die Bell'sche Ungleichung erfüllt wird, wozu die Aufregung? – Vorsicht! Hier erst kommt der eigentliche Punkt: Der schwarzhaarige Zwilling durfte nur die blonde Perücke aufsetzen – und mithin die Bell'sche Ungleichung verletzen –, wenn er sicher war, dass beim Zwillingspartner nicht gerade die Haarfarbe beobachtet wurde. Das konnte durch Hinschauen geschehen, durch Telefonieren, mittels Handy: Irgendwie musste eine Nachricht übermittelt werden. Wird aber bei einem Zwillingsphoton eine Messung rechts und eine Messung links vorgenommen, dann müsste es analog eine Nachrichtenübermittlung geben, und zwar mit Überlichtgeschwindigkeit. Dies widerspräche der Relativitätstheorie. Also muss die Verletzung der Bell'schen Ungleichung einen anderen, „nichtlokalen" Grund haben.

Eine radikale Deutung ist die folgende: Das Subjekt „Polarisationszustand" gab es vor der Messung gar nicht „wirklich", es unterlag Wahrscheinlichkeiten. Es ist ähnlich wie beim Ort eines Elektrons, der sich erst im Augenblick der Messung einstellt. Zwischen den beiden sich bildenden Polarisatorergebnissen besteht eine Beziehung, die nicht als gewöhnliche Kausalbeziehung zu verstehen ist. Sie widerspricht deshalb auch nicht Einsteins Relativitätstheorie. Dass Einstein von „spukhafter Fernwirkung" sprach, kann man als Umschreibung dieses sehr wohl existierenden Phänomens betrachten. Es erweckt den Eindruck einer „geheimen Verschwörung": Werden die Photonen eines Zwillingspaares links und rechts bei gleicher Polarisatorstellung gemessen, verhalten sie sich gleichartig. Sind die Stellungen jedoch verschieden, verhalten sie sich nur mit wechselnden Wahrscheinlichkeiten gleich. Das kann aber nur funktionieren, wenn beide Photonen „wissen", ob die Polarisatoreinstellungen auf beiden Seiten gleich sind oder nicht. Dazu ist eine gegenseitige Nachrichtenübermittlung oder eine Kommunikation erforderlich. Eine Energie enthaltende Übermittlung ist aber, wie wir sahen, nach Einstein unmöglich, da sie mit Überlichtgeschwindigkeit geschehen müsste. Demnach besteht eine andere Form der Beziehung, die aus der Verschränkung herrührt und neuartig ist.

Man spricht allgemein von einer Korrelation, wenn Ereignisse wiederholt gleichzeitig auftreten. Dabei ist es zunächst gleichgültig, ob es sich um reinen Zufall handelt oder ob eine direkte Kausalbeziehung besteht. Wie stark die Zufallskomponente sein kann, illustriert folgende nette Geschichte: In einer Untersuchung, die man einmal (wenn ich mich recht erinnere in Schweden) durchführte, stellte sich heraus, dass die Anzahl der Störche mit der Anzahl der neugeborenen Babys korrelierte. Bestand da ein direkter Zusammenhang? – Die Korrelation kann in einer gemeinsamen Ursache liegen, wie etwa Konsum von Kopfschmerztabletten und Regenmenge pro Quadratmeter, die beide durch Tiefdruckwetter hervorgerufen werden. Eine solche Ursache ist im Verschränkungsbeispiel nicht in Sicht. Sie mag im Quantenvakuum verborgen sein, wir wissen es nicht.

Hervorgehoben sei, dass es sich bei der Verschränkung nicht um ein Randphänomen der Physik handelt, eine Art kosmischen Wurmfortsatz, dessen Funktion wenig bedeutet. Vielmehr ist die Verschränkung Grundlage technischer Fortschritte, wie wir am Beispiel der Quantencomputer schon sahen (auch wenn dort andere Eigenschaften als Nichtlokalität die Hauptrolle spielen). Quantenverschränkung fordert allgemein unser Wirklichkeitsverständnis heraus, materiell und geistig sowie die Verflechtung von materiell und geistig betreffend. Für uns geht es besonders um die durch die Nahtoderlebnisse aufgezeigte Wirklichkeit. Was tragen unsere Quantenüberlegungen dazu bei?

III. Seele und Nahtoderlebnisse

1. Diesseits und Jenseits

Denken wir an die zahlreichen Berichte zurück, die wir eingangs wiedergegeben haben, dann stürmen geradezu Fragen auf Fragen auf uns ein: Worum handelt es sich bei dem vom Körper gelösten Bewusstsein, wenn es unter der Decke schwebt, selbst sieht, aber nicht gesehen wird? Wie unterscheidet sich das im Lichterlebnis wahrgenommene Licht vom physikalischen Licht? Welcher Art ist die Realität von Freunden oder Verwandten, die im Lichterlebnis oder in einer Nachtodbegegnung wahrgenommen werden? So kann man fortfahren.

Es wäre nicht nur unmöglich, sondern auch eine Art Materialismus höherer Stufe, wollte man alle Nahtodphänomene wissenschaftlich plausibel machen. Es geht umgekehrt darum zu zeigen, dass das, was über sie gesagt wird oder was sie unmittelbar zur Folge haben, nicht wissenschaftlichem Denken widerspricht.

Beginnen wir mit der allgemeinen Raumvorstellung: Sie wird ja durch die Quantenphysik neu gestellt, wie wir weiter oben (S. 102f) gesehen haben. Raum ist nicht der leere Rahmen, in dem Dinge platziert sind. Raum ist immer schon Struktur. Deren „Quelle" nennen wir Quantenvakuum. Aus der Quelle fließt das, was wir umgangssprachlich Materie, Kraft und Geist nennen – und die mit der Quantenverschränkung offenbar gewordene neue Wirklichkeit. Wir sind als Beobachter selbst in geheimnisvoller Weise Quantenstrukturen und „nehmen wahr", „ordnen" mit unseren Sinnen das, was uns umgibt. Wir erleben uns selbst, unsere Umgebung und den Kosmos. Wie weit reicht dieses Ordnungsvermögen? Bedarf es der Wirksamkeit „verborgener" Sinne, um der erweiterten Wirklichkeit gewahr zu werden? Was bedeutet die Rede über ein Jenseits als Ziel des sich vom Körper lösenden Ich? Wenn auch die Frage nach der Existenz eines Jenseits so tiefgründig ist, wollen wir doch versuchen, sie in einfacher Sprache anzugehen. *Auch die Wissenschaft redet nur in Gleichnissen* heißt der Titel eines Buches des Quantenphysikers und Heisenberg-Nachfolgers Hans-Peter Dürr. Unser Leitfaden ist die Erfahrung. Dazu zählt die außerkörperliche, außersinnliche Wahrnehmung etwa der Unterbringung des künstliches Gebisses (I, 2) ebenso wie die Begegnung mit verstorbenen Verwandten in der Lichtvision.

Im 19. Jahrhundert, als in der Mathematik der Gedanke eines vierdimensionalen Raumes ernsthafter Forschungsgegenstand wurde, verbreitete sich die Idee, das Jenseits sei einfach die vierte Dimension. Analog könnte man sich vorstellen, dass eine zweidimensionale Welt von einer dreidimensionalen umgeben wird. Das ist nicht ganz unproblematisch: Würde man im dreidimensionalen Jenseits einen Pfannkuchen für Diesseitige backen, müsste er zweidimensional sein. Er hätte dann aber keinen Nährwert, es gäbe ihn in jenseitiger Sicht gar nicht. Wie soll aber dann eine Beziehung oder Wahrnehmung zwischen Diesseits und Jenseits möglich sein?

Im quantenphysikalischen Weltmodell bestehen derartige Probleme wegen der Andersartigkeit der Raumauffassung nicht. Man kann sich prinzipiell den unseren Sinnen zugänglichen Kosmos durch einen „außersinnlich", besser „anderssinnlich" fassbaren Kosmos erweitert vorstellen. Wir brauchen Diesseits und Jenseits nicht zu trennen. Wir nehmen nur das Jenseits nicht mit den gewöhnlichen Sinnen wahr, sondern – wenn auch in diesem Leben nur andeutungsweise – in Extremerfahrungen, wie beispielsweise Nahtoderfahrungen es sind.

Das legt nahe, dass sich Diesseits und Jenseits durchdringen, wenn uns auch verborgen bleibt, wie das geschieht. Man kann sogar erwägen, dass es so etwas wie einen Übergangsbereich gibt, in dem die Begegnungen mit verstorbenen Freunden oder Verwandten stattfinden, sowohl in Nahtoderlebnissen wie in Nachtodbegegnungen, der von „beiden Seiten" wahrnehmbar und bis zu einer Grenze besuchbar ist. Denkbar wäre sogar, dass die Jenseitigen diesseitig erkennbare „Kleidung anlegen" oder wie im Handy virtuell erscheinen. Die Fantasie darf hier ruhig spielen. Wie sich reale Welt und Cyberwelt durchdringen, erleben wir heute ausgiebig. Es mag Modell sein für das Nebeneinander von „real" wahrgenommenen Verstorbenen und bildhaft, mystisch erlebten Lichtgestalten.

Es sei stets bedacht, dass derartige Denkmodelle nur Versuche sind, ein wenig „über den Zaun zu blicken", Rahmen abzustecken. Sie sollen keine geschlossenen Welttheorien sein, die Immanenz und Transzendenz umfassen, schon gar nicht Beweise liefern. Auch die Quantentheorie hat nicht das letzte Wort. Schon vom diesseitigen Kosmos mit seinen hundert Milliarden Galaxien bekommen wir nur einen kleinen Ausschnitt mit. Die Fülle, die jenseitige Wirklichkeit birgt, muss unvorstellbar sein!

Es ist an der Zeit, dass wir neben den Bedingungen der sinnlichen und außersinnlichen Wahrnehmung deutlicher die Frage nach den Wahrnehmenden stellen. Bisher ist meist vom Bewusstsein in schillernder Weise zwischen Subjekt und Zustand eines Subjekts die Rede. Ehe wir das im Rahmen einer quantenphysikalisch erweiterten Wirklichkeit diskutieren – und von der Seele sprechen –, fragen wir am Beispiel eines Bewusstseinsforschers nach dem Verhältnis der gegenwärtigen Hirnforschung zu dieser Wirklichkeit.

2. Hirnbiologie und Quantenphysik

Man könnte erwarten, dass die vom Stofflichen befreite Wirklichkeitsauffassung der Quantenphysik von der Hirnforschung mit Faszination aufgegriffen wurde, weil sie ganz neue Perspektiven für die Aktivität der 100 Milliarden Nervenzellen unter der Schädeldecke des menschlichen Gehirns eröffnet. Das Gegenteil ist aber der Fall. Gegenwärtige Hirnforschung gründet zu fast 100% auf klassische Physik ohne Quantentheorie und orientiert sich weithin an den computerartigen bioelektrischen Strukturen im neuronalen Netz des Gehirns. Da auch die Psychologie mehr und mehr durch die Neurobiologie geprägt wird, liegt hier eines der großen Hemmnisse für eine Verständigung zwischen Naturwissenschaft und Spiritualität. Zugleich bietet sich eine Chance, zur Verständigung beizutragen, wenn Quantentheorie in der Hirnforschung Fuß fasst. Zwar kann man verstehen, dass auch die klassische Neurobiologie trotz großer Erfolge noch in den Anfängen steckt und wenig Anlass zu quantenphysikalischen Methoden sieht. Wenn sie aber zu Fragen wie der nach einer unsterblichen Seele beitragen will, fehlt ihr ohne quantenphysikalische Weltsicht die Legitimation.

Erste Ansätze gibt es durchaus:
- John Eccles suchte quantentheoretische Wahrscheinlichkeitsfelder im Zusammenhang mit Signalübertragung zwischen Nervenzellen zu nutzen.
- Stuart Hameroff vermutet Quantencomputer in den „Mikrotubuli", Fasern, die die Nervenzellen durchziehen.
- Henry Stapp studiert einen Effekt, bei dem das Bewusstsein stark eingeschränkt als quantenphysikalischer Operator fungiert.

Der Bewusstseinsforscher Christof Koch, früher Mitarbeiter von Francis Crick, hat gemeinsam mit dem Schweizer Physiker Klaus Hepp 2004 in der Zeitschrift *Nature* alle diese

Ansätze als unzureichend erklärt, um Quantenphysik in die Hirnforschung einzuführen.

Gleichzeitig ist aber Christof Koch ein vorsichtig präzise denkender und aufgeschlossener Wissenschaftler. Er betont, dass Neuroforschung nur mit Korrelaten des Bewusstseins zu tun hat und wir nicht wissen, was Bewusstsein „wirklich" ist. Er antwortete auch umgehend auf eine Frage, die ich (2007) an ihn richtete, ob er nicht eine weitere Möglichkeit der Verbindung von Quantentheorie und Hirnwissenschaft übersehen habe. Diese sieht etwa folgendermaßen aus:

Wolf Singer, Direktor am Max-Planck-Institut für Hirnphysiologie in Frankfurt (Main), hat schon in den Achtzigerjahren zusammen mit dem amerikanischen Neuroforscher Charles Gray entdeckt, dass ganze Bündel von Nervenzellen synchron im 40- bis 80-Hertz-Bereich Signale senden und dadurch ein orchesterartiges Zusammenspiel von Gehirnwellen ermöglichen. Will man diese „Orchestermusik" mathematisch analysieren, stößt man auf Probleme der mathematischen „Chaostheorie", insbesondere auf sogenannte chaotische Attraktoren, das sind Zielgebiete von Handlungsabläufen, bei denen winzig kleine äußere Einflüsse entscheiden können, welches Ziel angenommen wird. Man spricht von einem „Schmetterlingseffekt", weil man den ersten chaotischen Attraktor in der Wetterkunde gefunden hat, eine Wettersituation, bei der der Flügelschlag eines Schmetterlings einen Orkan auszulösen vermag.

Bei der Komplexität des Gehirns ist mit Millionen solcher chaotischer Attraktoren zu rechnen und können die entscheidenden Impulse in den Quantenbereich hinunterführen, sodass also gerade Quantenprozessen möglicherweise eine Schlüsselfunktion zukommt. Das mag bei einer Wahrnehmung der Fall sein (beispielsweise beim „Kippen" einer Kippfigur) oder beim Treffen einer Entscheidung. Woher Willensimpulse kommen können, wird zu einer neuartigen

Frage. Dass sie möglicherweise von außerhalb des Gehirns stammen, ist hirnbiologisch nicht mehr auszuschließen.

Koch zeigte sich bereit, seine Meinung zu korrigieren, und schrieb zurück:

„*Lieber Günter, vielen Dank für Ihren Aufsatz. Ich bin mit Ihrer Zusammenfassung völlig einverstanden: ‚Ob in Anknüpfung an diese Arbeiten oder mit neuen Denkmodellen, man kann damit rechnen, dass die anlaufende Erforschung nichtlinearer Hirnvorgänge, insbesondere eine Weiterentwicklung der von Singer und Gray 1987 entdeckten 40-Hertz-Schwingungen im Gehirn, über chaostheoretische Probleme oder auch direkt in quantenphysikalische Überlegungen, insbesondere Quantenkohärenz und Nichtlokalität, hineinführen werden.'*
I couldn't agree more. I try not to be dogmatic about QM in the brain."

Das ist eine erfreuliche Nachricht, und man kann hoffen, dass sie weiter in die Kreise der Hirnforscher vordringt.

Ferner sei noch ein Aspekt der Quantenverschränkung angeführt, der zur Nichtlokalität hinzutritt und vermutlich ebenfalls demnächst in der Untersuchung von sinnlichem und außersinnlichem Geschehen eine Rolle spielen wird. In Quantencomputern, die ja wesentlich auf Verschränkung aufbauen, hat er bereits eine bedeutende Rolle gewonnen. Gemeint ist die Verschränkung, die Atome innerhalb eines Moleküls eingehen können, beispielsweise wenn sie rotieren und „Drehmomente" haben. Diese Drehmomente sind verschränkte Quantenzustände. Man kann sie mathematisch kennzeichnen und durch Manipulation der Drehmomente mit Hilfe von Radiosignalen Rechenprozesse durchführen. Es ist eine spannende Frage, ob es im Gehirn Quantencomputer gibt (wie von Hameroff vermutet) oder in anderer Weise verschränkte Quantenzustände von Atomen in Hirnmolekülen zum „Gerüst" gehören, das Gedanken und Gefühle trägt.

Wohin treiben diese Untersuchungen insgesamt? Was das Bewusstsein angeht, sei hier noch einmal Christof Koch zitiert. Er sagt in seinem (gemeinsam mit dem Nobelpreisträger Francis Crick geschriebenen) Buch *Bewusstsein – ein neurobiologisches Rätsel* (2005) auf Seite 5: „Der Glaube, dass im Zentrum des Bewusstseins eine transzendente und unsterbliche Seele steht, wird von vielen Religionen auf der ganzen Welt geteilt' und fügt in einer Fußnote hinzu: „... hege ich viel Sympathie für diesen Standpunkt".

Hier knüpfen wir im nächsten Kapitel an, um zu dem Schlüsselbegriff unserer Überlegungen vorzudringen: dem der unsterblichen Seele, kurz die Seele genannt.

3. Bewusstsein und Seele

Wenn Christof Koch, wie vorhin erwähnt, eher nebenbei von der religiösen Überzeugung einer unsterblichen Seele im Zentrum des Bewusstseins spricht, so schneidet er indirekt ein Thema an, das bei den Überlegungen zum Bewusstsein meist unbeachtet bleibt: Wer ist Träger des Bewusstseins? Oft hat es den Anschein oder ist beabsichtigt, dass das Bewusstsein selbst als Subjekt agiert. Das ist begrifflich unbefriedigend. „Bei Bewusstsein sein" unterscheiden wir von „bewusstlos" oder „schlafend", meinen also einen Zustand. Dieser braucht nicht einmal in der Vergewisserung zu bestehen, dass ich und nicht ein anderer etwas tut oder erlebt. Wenn ich eine längere Strecke auf der Autobahn fahre, höre ich möglicherweise Radiomusik oder denke über etwas Bestimmtes nach. Ich lenke den Wagen „unbewusst", bis mir vielleicht die „bewusste" Idee kommt, bei der nächsten Raststätte hinauszufahren und einen Kaffee zu trinken. Ohnehin ist unser Handeln zum größten Teil unbewusst, angefangen bei den vegetativen Funktionen bis zu Reflexhandlungen oder Routinearbeiten. Wenn wir von „dem Bewusstsein" sprechen, dann ist eine Gesamtheit von Zuständen oder Fähigkeiten wie Denken, Fühlen, Erinnern gemeint, die schwer einzugrenzen ist. Christof Koch verzichtet in dem genannten Buch sogar auf einen bestimmten Begriff von Bewusstsein. Als zwar vage, aber „vorläufig ausreichende" Arbeitsdefinition übernimmt er diejenige des Philosophen John Searle:

„Bewusstsein besteht aus jenen Gefühlszuständen, die morgens, wenn wir aus einem traumlosen Schlaf erwachen, beginnen und sich den ganzen Tag hindurch fortsetzen, bis wir in ein Koma fallen oder sterben oder einschlafen oder auf andere Weise das Bewusstsein verlieren."[25]

Koch sieht seine Forschung durch diese Unbestimmtheit nicht beeinträchtigt, weil sie sich, wie schon gesagt, mit den Korrelaten des Bewusstseins, nicht mit dem Bewusstsein selbst befasst.

Wir betreiben aber hier nicht Neurobiologie, sondern befassen uns mit dem Erleben und Ergehen des ganzen Menschen. Statt nur bildhaft von der Seele als Zentrum des Bewusstseins zu sprechen, verstehen wir Seele als Ganzheit, die alle für die Individualität eines Menschen charakteristischen, vom Körper trennbaren Eigenschaften umfasst. Zu diesen Eigenschaften gehört zum einen das – für uns unfassbare – Bewusstsein seiner selbst. Was die Fähigkeiten und Zustände wie Denken, Fühlen, Erinnern, Gedächtnis selbst betrifft, behalten wir den nach Koch provisorischen Begriff „Bewusstsein" bei, ziehen aber nun das erweiterte Wirklichkeitsverständnis heran und ergänzen wie folgt: Jeder Teil des Bewusstseins hat einen „Zwillingsbruder" in der Seele, mit dem er durch eine nichtkausale Korrelation verbunden oder kurz „verschränkt" ist. Ob sich hierbei die Verschränkung aus den Verschränkungen von Quantenzuständen zusammensetzt oder anders zu definieren ist, können wir dahingestellt sein lassen. Es ist ja in der quantenphysikalisch erweiterten Hirnbiologie selbst bislang nicht geklärt, wie die Komplexität des Bewusstseins zu verstehen ist. Im Falle eines Außerkörpererlebnisses bleibt die Verschränkung erhalten; im Tod bleibt nur der Repräsentant in der Seele bestehen (wie von zwei verschränkten Quantenzuständen einer existent bleibt, wenn der andere ausgelöscht wird).

Möglicherweise ist die Repräsentanz von Bewusstseinseigenschaften in der Seele auch selektiv, indem sie etwa, wie aus Nahtodberichten geläufig, keine Schmerzzustände überträgt. Das wäre insofern nicht ungewöhnlich, als das Gehirn selbst viele selektive Funktionen enthält.

Praktisch gesehen kann diese Verschränkung von hirnbasiertem Bewusstsein und Seele außerordentlich relevant sein: Wenn bei einem Menschen infolge eines Schlaganfalls oder aufgrund von Verletzungen Sprache, Denkvermögen oder andere psychische Eigenschaften reduziert sind oder gar ausfallen, mögen die noch intakten Zwillingseigenschaften in der Seele eine viel stärkere Teilhabe am Geschehen im Umfeld ermöglichen, als es sichtbar zum Ausdruck kommt. Es mag ähnlich sein wie auf der Ebene des Hirnbewusstseins beim „locked in"-Syndrom: Infolge Ausfalls sämtlicher Muskeltätigkeiten erscheint der Patient wie in Totenstarre, ist aber geistig voll wach und registriert, was um ihn herum geschieht. Glücklicherweise ist es vor einigen Jahren einer neurobiologischen Forschungsgruppe (um Birbaumer in Tübingen) gelungen, durch Anzapfen der Hirnströme die Kommunikation mit so Betroffenen aufzunehmen. – Auch die erstaunlichen geistigen Leistungen, die oft Menschen noch zu erbringen vermögen, denen große Teile des Gehirns herausgenommen wurden, mögen neben den „Ersatzschaltungen", zu denen das Gehirn fähig ist, mit dem Hintergrund in der Seele in Zusammenhang stehen.

Zur Seele zählen wir aber noch mehr, nämlich Inhalte, die unmittelbar durch Verschränkung mit „Quellen" außerhalb der Seele und ihres Bewusstseins sowie Körpers angesiedelt sind. Man denke etwa an telepathische Verbindungen oder auch an die Beziehung zu einem „universalen Bewusstsein", über das noch zu reden sein wird. Man beachte die starke Rolle, die der Begriff „Verschränkung" bei der Bildung des Begriffes „Seele" einnimmt – jedenfalls in dem Denkmodell, das wir hier vorschlagen.

Verschränkung wird besonders häufig mit ihrer hervorstechenden Eigenschaft der Nichtlokalität angeführt, der „spukhaften Fernwirkung", die sich mit Überlichtgeschwindigkeit ausbreitet und eine nichtkausale Korrelation herstellt. Sogar der bei Esoterikern beliebte Satz „alles ist mit allem verbunden" wird manchmal auf Nichtlokalität zurückgeführt. Hier ist Vorsicht geboten. Als wir die Verschränkung zweier Photonen mit einem Experiment zur Bell'schen Ungleichung erläuterten, handelte es sich um Photonenpaare, die man etwa wie folgt gewinnt: Man lässt zwei Lichtstrahlen in einem Bariumborat-Kristall unter einem bestimmten Winkel aufeinandertreffen. Dann gehen mit einer gewissen Wahrscheinlichkeit Photonen dieser Lichtstrahlen eine Verschränkung ein. Das ist also eine sehr spezielle Situation. – Man weiß bisher sehr wenig darüber, wo Verschränkungen in der Natur existieren und in welchem Umfang hierbei Nichtlokalität von Bedeutung ist.

Vielleicht findet sich Verschränkung besonders in den Bereichen der Seele und der außersinnlichen Wahrnehmung. Dazu sei zunächst im folgenden Kapitel ein Beispiel angegeben, das vor wenigen Jahren entdeckt wurde und Verschränkung in der Telepathie zum Gegenstand hat.

4. Verschränkung bei Psi-Vorgängen

Weiter oben (I, 8) haben wir Psi-Vorgänge studiert; wir können sie inzwischen als besondere Beispiele von nichtkausalen Korrelationen zwischen Bewusstsein und Bewusstsein (etwa Telepathie) oder Bewusstsein und Dingen (etwa Hellsehen oder Psychokinese) ansehen. Hinzu kommen die telepathieartigen Wahrnehmungen in Lichterlebnissen bei Nahtoderfahrungen. In allen Fällen stellt sich die Frage nach der Rolle, die Verschränkung bei ihnen spielt, wobei allerdings die Ersetzung von Photon oder Quantenzustand durch Bewusstsein oder Ding einstweilen unscharf bleibt. Immerhin lässt der folgende Versuch über telepathische Kommunikation aufhorchen und ist möglicherweise der Beginn neuartiger Erkenntnisse über Psi-Phänomene. Die Versuche stammen von dem amerikanischen Kognitionswissenschaftler Dean Radin und wurden in dessen Buch *Entangled Minds* veröffentlicht.

Der Grundgedanke besteht darin, zwischen Versuchspersonen experimentell eine telepathische Verbindung herbeizuführen, die Prinzipien der Quantenverschränkung folgt. Wir geben eine Experimentbeschreibung von Dean Radin wieder:

„Jack und Jill sind einverstanden, an einem neuen Experiment teilzunehmen. Gleich nachdem sie im Labor angekommen sind, werden sie in getrennte Räume gebracht, die stark abgeschirmt sind, um jede Form gewöhnlicher Kommunikation zwischen ihnen auszuschließen. Sobald Jack bereit ist, eine Botschaft an Jill zu schicken, drückt er einen Knopf, wodurch ein Computer außerhalb des Zimmers veranlasst wird, zufällig ein Bild aus einem Stapel von drei Bildern auszuwählen. Der Computer übermittelt das ausgewählte Bild an Jack. Gleichzeitig stellt ein anderer Computer außerhalb von Jills Zimmer fest, dass Jacks Versuch begonnen hat, und wählt ebenfalls zufällig ein Bild aus einem

Stapel gleicher Bilder wie den für Jack verwendeten aus und sendet es an Jill.

Jetzt werden Jack und Jill gebeten, gedanklich zu kommunizieren und zu entscheiden, ob sie dasselbe Bild oder verschiedene Bilder sehen. Sie können mit „ja", es ist dasselbe Bild, antworten oder mit „Nein", es ist nicht so. Sie geben ihre Eindrücke in ihren Computer. Dann beginnen sie den nächsten Versuch mit Bildern, die aus einem neuen Stapel ausgewählt werden. Manchmal beginnt Jack den Versuch und manchmal Jill. Das Ergebnis des Versuches ist jeweils eine der Möglichkeiten ja-ja, ja-nein, nein-ja, nein-nein."[26]

Nach tausend Versuchen, die sich über mehrere Tage erstreckten, kam heraus, dass Jack und Jill immer dann, wenn sie dasselbe Bild anschauten, in 77% der Fälle die gleiche Antwort „ja" oder „nein" gaben, während sonst die Quote dem Zufall entsprechend 50% betrug.

Dieses Ergebnis zeigt offensichtliche Ähnlichkeit mit einer Verschränkung. Die Bilderstapel können wir uns so geordnet denken („oben", „mitten", „unten"), dass sich jeweils die gleichen Bilder in der gleichen Stellung befinden. Das entspricht dann der Stellung der beiden Polarisatoren. Bei gleicher Stellung der Polarisatoren war das Verhalten der Photonen in 100% der Fälle dasselbe, bei der Angabe über gleiche Bilder betrug sie immerhin noch den statistisch hoch relevanten Wert von 77%. Bei verschiedenen Stellungen folgten die Photonen bestimmten Wahrscheinlichkeitsmustern, das Gleichheitsraten von Jack und Jill dagegen war ganz zufällig. Die Frage der „spukhaften Fernwirkung" stellt sich aber genauso bei dem Telepathieversuch wie bei den Photonen. Man kann auch hier von einer Verschränkung reden. Denkbar ist, dass man den Versuch weiter entwickelt und auch die Verletzung der Bell'schen Ungleichung nachweist. Das wäre eine Festigung der Beobachtung, dass „telepathisch" und „nichtlokal" offenbar zusammenhängen. Wenn damit auch Telepathie noch nicht verstanden ist, so tritt sie doch neben ein ebenso wenig verstandenes Quantenphänomen, dessen Realität schon wegen seiner technischen Verwertbarkeit nicht mehr in Frage gestellt werden kann.

5. Van Lommels „endloses Bewusstsein"

Wie weiter oben (III, 3) angekündigt, soll uns nun der universale Aspekt von Bewusstsein beschäftigen, der bei unserem Begriff von Seele zu beachten ist. Wir verbinden das mit einigen Bemerkungen zu den quantenphysikalischen Studien, die van Lommel in seinem schon genannten Buch *Endloses Bewusstsein. Neue medizinische Fakten zur Nahtoderfahrung* vorgenommen hat. Wie bei unseren Betrachtungen werden in dem Buch die Nahtoderlebnisse und Überlegungen zum Bewusstsein auf dem Hintergrund des durch die Quantenphysik veränderten Weltbildes studiert. Verschränkung und Nichtlokalität spielen dabei ebenfalls eine zentrale Rolle. Die Akzente werden allerdings anders gesetzt und veranlassen uns einerseits, ergänzende Gesichtspunkte zu übernehmen, andererseits Unterschiede in der Gesamtperspektive darzustellen.

Einen relativ geringen Raum nimmt bei van Lommel die direkte Anwendung von Verschränkung auf Einzelphänomene der Nahtoderlebnisse ein. Wir kommentieren ein Beispiel. Hinsichtlich des in Nahtoderfahrungen häufig vorkommenden „Panoramas" heißt es:

„Während eines Lebensrückblicks kann jedes Detail der eigenen Vergangenheit erneut durchlebt werden. Alles ist mit allem verbunden [Verschränkung]. Alles scheint eins zu sein. Alle Ereignisse der Vergangenheit sind gewissermaßen gespeichert, zugänglich und immer dann sofort verfügbar, wenn man sich ihnen aufmerksam zuwendet. Zeit spielt keine Rolle mehr. Alles ist zeitlos gegenwärtig."[27]

Nehmen wir an, dass der Lebensrückblick ohne direkte Hirnleistung, etwa bei Herzstillstand im Schwebeerlebnis, zustande gekommen ist. Nach unserer Konzeption von Seele hat der oder die Erlebende beim Verlassen des Körpers die

Fähigkeit zum Wahrnehmen und Denken „mitgenommen", ebenfalls die Erinnerungen an das eigene Leben. Auch wenn der oder die Betroffene vorher kein Gedächtniskünstler gewesen ist, darf man seine möglichen Leistungen nicht unterschätzen. Man konnte in der Psychologie durch Hypnose oder andere Umstände aus der Fülle des im Unbewussten Verborgenen vieles schnell herausholen und ausbreiten. Möglicherweise wird beim sich vom Körper lösenden Bewusstsein diese Fähigkeit noch gesteigert, die „Bilderwand" des Lebens freigesetzt. Dazu muss nicht „alles mit allem verbunden" und „zeitlos gegenwärtig" sein. Beim Wahrnehmen vergeht immer etwas Zeit und ist die Lichtgeschwindigkeit groß genug für eine rasche Bildfolge. Die Bedeutung von Verschränkung kommt eher darin zum Ausdruck, dass die Lebenswirklichkeit mittels einer „Zweitschrift" in der Seele beim außerkörperlichen Erlebnis unabhängig vom Gehirn verfügbar bleibt.

In dem Beispiel schimmert bereits durch, dass es van Lommel in erster Linie um eine sehr weitreichende allgemeine Ausdeutung von Verschränkung und Nichtlokalität im quantenphysikalischen Welt- und Menschenverständnis geht. Das schlägt sich besonders in zwei zentralen Begriffen nieder: „nichtlokaler Raum" und „nichtlokales Bewusstsein" (oder „endloses Bewusstsein"). Das Adjektiv „nichtlokal" steht dabei nicht in wohldefinierter Beziehung zu seiner Verwendung bei Teilchenverschränkungen, sondern wird in einer aus dem Kontext zu erschließenden Analogie benutzt.

Der – sonst in der Quantenphysik nicht bekannte – Ausdruck „nichtlokaler Raum" meint, wie van Lommel selbst darlegt, ein besonderes Verständnis von „Quantenvakuum". Diesen Begriff hatten wir schon weiter oben (II, 1: „Materie, Licht und die Quantenwelt") kennengelernt als eine Art Urgrund des Seins, aus dem Teilchen und Kräfte fließen, während in dem Raum dazwischen aber nicht Leere herrscht, sondern genügend Energie vorhanden ist, um für winzige

Augenblicke weitere, in Wahrscheinlichkeitswellen „lauernde" Seinselemente Wirklichkeit werden zu lassen. Ein „Quantenschaum" ist im ganzen Kosmos ausgebreitet. An diesen rätselhaften Urgrund knüpfen sich verschiedenartige Hypothesen und Deutungen. Bei van Lommel ist es – in Übereinstimmung mit einigen Physikern – das „nichtlokale Bewusstsein". Der nichtlokale Raum

„… *ist auch ein metaphysischer Raum, in dem Bewusstsein Einfluss ausüben kann, da er phänomenale, das heißt auf subjektiver Wahrnehmung beruhende Eigenschaften besitzt. Diese Interpretation geht davon aus, dass Bewusstsein im Universum von Anfang an existent ist und alle Materie subjektive Eigenschaften oder Bewusstsein aufweist. Bewusstsein ist demnach also nichtlokal und fungiert als Ursprung oder ‚Fundament' aller Dinge. Alle Materie beziehungsweise ‚physische Wirklichkeit' wird dieser Auffassung nach vom Bewusstsein geprägt. Die Trennung zwischen dem nichtlokalen Raum und dem Bewusstsein ist aufgehoben.*"[28]

Das klingt in der Tat sehr metaphysisch! Van Lommel widmet der Entfaltung dieser Gedanken in seinem Buch großen Raum. Er weist darauf hin, dass sie auch von dem Philosophen David Chalmers vertreten und „Panpsychismus" genannt werden. Wir kommentieren sie nicht im Einzelnen, sondern halten nur einige Konsequenzen fest.

Man findet hier indirekt den Satz wieder: „Das Bewusstsein schafft das Sein." Wir hatten diesen Satz – reduziert auf das menschliche Bewusstsein – weiter oben (II, 2) erwähnt und einen gescheiterten Versuch erläutert, ihn quantenphysikalisch zu beweisen. Hier sieht das natürlich anders aus: Es geht um ein universales Bewusstsein, das in den Grundlagen der Quantentheorie und des Weltverständnisses verankert ist, also Voraussetzung und nicht Folgerung physikalischer Inhalte darstellt. Die Existenz des nichtlokalen Bewusstseins ist eine Art Axiom, dessen Einführung durch die

Annahme einer außerordentlich starken Verbreitung nichtlokaler Korrelationen motiviert ist.

Das nichtlokale, universale Bewusstsein ist dann auch Quelle des individuellen Bewusstseins, sowohl des Wachbewusstseins wie des Unbewussten und der Verbindung beider im „Selbst" (nach C. G. Jung). Van Lommel:

„Unser Bewusstsein ist intrinsisch mit dem nichtlokalen Raum verbunden ... Der nichtlokale Raum oder das Vakuum bildet demnach die Quelle sowohl der physischen Welt als auch des Bewusstseins, und das nichtlokale Bewusstsein bildet die Quelle des Wachbewusstseins wie aller anderen Bewusstseinsaspekte. Das Bewusstsein und jedes seiner Teile ist unbegrenzt und endlos."[29]

Was hierbei „Quelle" bedeutet und wie der Zusammenhang mit Hirnfunktionen zu verstehen ist, wird zwar anhand verschiedener Modelle diskutiert, bleibt aber mysteriös. Das Gehirn ist Empfangsstation. Informationen, wie sie in Nahtoderfahrungen oft wahrgenommen werden, etwa über verstorbene Freunde oder Verwandte, sind im universalen Bewusstsein gespeichert. Es ist also nicht gesagt, dass eine aktuelle Begegnung geschieht, sondern es wird nur von der Wahrnehmung von etwas im nichtlokalen Bewusstsein Gespeichertem gesprochen. Über das Verhältnis von Gehirntätigkeit und Bewusstsein wird gesagt:

„Während unseres Lebens nehmen wir mit den Sinnen wahr, und das Gehirn fungiert als Schnittstelle. Unter außergewöhnlichen Umständen ist man in der Lage, unabhängig vom Körper den unendlichen Aspekt des nichtlokalen Bewusstseins, der als die Kontinuität des Bewusstseins bezeichnet wird, zu erfahren, und es ergibt sich für das Bewusstsein die Möglichkeit zur unmittelbaren Wahrnehmung im Raum. Man spricht in einem solchen Fall von einer NTE [Nahtoderfahrung] ..."[30]

Demnach kann sich dasselbe Bewusstsein unter normalen Umständen im Gehirn betätigen und in außergewöhnlichen Situationen außerhalb des Körpers nichtlokal wahrnehmen. Von einem eigenen Beitrag eines seiner selbst gewahren und unabhängigen Ich zum Bewusstsein ist nicht die Rede. Wir teilen den Panpsychismus van Lommels nicht. Gleichwohl leuchtet es ein, dass es etwas Übergeordnetes gibt, das die Welt sinnhaft zusammenhält. Das sei ebenfalls in unsere Überlegungen aufgenommen, ohne genauere Festlegung. Hier sehen wir die Grenzen einer begrifflichen Fixierung erreicht. Die Aussagen über das nichtlokale Bewusstsein erwecken den Eindruck, dass die Quelle allen Seins schlechthin angegeben werden soll und weitergehendes, transzendentes Sein nicht mehr zu berücksichtigen ist. Demgegenüber lassen wir die Weite und Unfassbarkeit des „Jenseits" stehen und begnügen uns mit den wenigen Randberührungen, die durch Extremerlebnisse wie zum Beispiel Nahtoderfahrungen in unser Blickfeld treten.

Die Seele des Einzelmenschen betrachten wir als Sender und Empfänger zugleich. Das Empfangene wiederum ist einerseits individuell, etwa in der Begegnung mit Verstorbenen, nichtverbale Kommunikation eingeschlossen, andererseits kann die Teilhabe an einem universalen „Fundus" von Ur-Wissen und Ur-Können angenommen werden, das beispielsweise in mystischen All-Einheitserfahrungen, universalem Geliebtsein oder Lichtvisionen zum Ausdruck kommt.

Seele, um das noch einmal zusammenzufassen, ist in unserer Auffassung – anders als bei van Lommel – Wesenskern des individuellen Menschen mit dreierlei Ausprägung: erstens Ausdruck von individuellem Selbstbewusstsein, zweitens aufgrund einer Verschränkung Träger (möglicherweise selektiv) von Denken, Erinnern, Fühlen und anderen psychischen Fähigkeiten, drittens „Antenne" für außersinnliche Wahrnehmung und Kommunikation. Wir betrachten die Seele als unbeschädigt vom Leib ablösbar, sowohl in Nahtoderfahrungen vorübergehend wie endgültig im Tod, was ihre „Unsterblichkeit" ausmacht. Im nächsten Kapitel bauen wir den universalen Aspekt von Seele oder Bewusstsein noch etwas weiter aus, und zwar durch Bezugnahme auf die tiefsinnigen Gedanken des analytischen Psychologen Carl Gustav Jung. Diese können im Sinne des Panpsychismus interpretieret werden – wie van Lommel bemerkt – oder auch im Sinne unseres erweiterten Weltverständnisses. – Wir stellen diese Betrachtungen in den Zusammenhang eines bemerkenswerten Dialogs, den Jung mit dem Quantenphysiker Wolfgang Pauli geführt hat.

6. Ein zukunftsweisender Dialog

Wolfgang Pauli (1900–1958), Nobelpreisträger und einer der Pioniere der Quantentheorie, erregte als junger Wissenschaftler in den Labors der Universität Hamburg gelegentlich erhebliches Aufsehen: In seiner Gegenwart gingen Geräte zu Bruch oder misslangen Experimente. Man sprach vom „Pauli-Effekt" (in Anspielung auf das „Pauli-Prinzip", nach dem zwei Elektronen im selben Atom nicht in allen Quantenzuständen übereinstimmen können). Für viele dem naturalistischen Weltbild verhaftete Wissenschaftler, die Psychokinese als nicht existierend ansehen, ist das bis heute peinlich oder ärgerlich und wird gern als Anekdote entschärft. Im Internet-Laien-Lexikon Wikipedia heißt es: „Berüchtigt war Pauli bei den Experimentalphysikern für seine handwerkliche Ungeschicklichkeit, ja sie argwöhnten sogar im Scherz, dass seine bloße Anwesenheit Laborgeräte zum Versagen brächte." Aber dem bekannten Experimentalphysiker Otto Stern war nicht nach Scherz zumute; er erteilte Pauli Laborverbot, um seine Geräte zu schützen.

Pauli selbst nahm seine psychokinetische Ausstrahlung sehr ernst. Sie trug sicherlich dazu bei, dass der besonders kritisch und scharf analysierende Pauli über eine erweiterte Wirklichkeit nachdachte. Durch einen persönlichen Umstand kam das unerwartet zutage: Pauli wurde 1928 Professor in Zürich und suchte nach einiger Zeit aufgrund psychischer Probleme, u. a. infolge des Selbstmordes seiner Mutter, den Arzt und Psychologen Carl Gustav Jung auf, um eine Therapie zu beginnen. Jung verwies Pauli an eine Mitarbeiterin, Erna Rosenbaum, nahm aber allgemeine Gespräche mit dem Physiker auf. Glücklicherweise wurde ein Teil der Gespräche in Briefform geführt und 1992 von C. A. Meier in Buchform herausgegeben: *Wolfgang Pauli und C. G. Jung. Ein Briefwechsel 1932–1958* (Pauli starb 1958 an Krebs). Dieser Briefwechsel ist eine noch wenig erschlossene naturphilosophische Fundgrube. Durch seine Übersetzung ins Englische 2001 hat er verstärktes Interesse im angelsächsischen Raum gefunden.

Carl Gustav Jung (1875-1961), seit 1935 Professor in Zürich (später in Basel), war in seiner frühen Zeit mit Sigmund Freud befreundet und sollte dessen Nachfolger werden. Es kam aber zu einem Zerwürfnis. Schuld daran war offensichtlich nicht nur die einseitig auf Sexualität fixierte Auffassung von Libido seitens Freuds, sondern auch die unterschiedliche Einschätzung paranormaler Phänomene. (Es sei aber angemerkt, dass Freud seine Meinung hierzu später geändert hat.) Einmal kam es zu einer bizarren Szene in Wien, als sich Jung mit Freud über dessen Ansichten zur Parapsychologie unterhielt und dabei über Freuds materialistische Ansichten sehr erregte. Jung berichtet darüber:

„Während Freud seine Argumente vorbrachte, hatte ich eine merkwürdige Empfindung. Es schien mir, als ob mein Zwerchfell aus Eisen bestünde und glühend würde – ein glühendes Zwerchfellgewölbe. Und in diesem Augenblick ertönte ein solcher Krach im Bücherschrank, der unmittelbar neben uns stand, dass wir beide furchtbar erschraken. Wir dachten, der Schrank fiele über uns zusammen. Genauso hatte es getönt. Ich sagte zu Freud: ‚Das ist jetzt ein sogenanntes katalytisches Exteriorisationsphänomen.'

‚Ach', sagte er, ‚das ist ja ein leibhaftiger Unsinn.'

‚Aber nein', erwiderte ich, ‚Sie irren sich, Herr Professor. Und zum Beweis, dass ich recht habe, sage ich nun voraus, dass es gleich noch einmal einen Krach geben wird.' – Und tatsächlich: Kaum hatte ich die Worte ausgesprochen, begann der gleiche Krach im Schrank! Ich weiß noch nicht, woher ich die Sicherheit nahm. Aber ich wusste mit Bestimmtheit, dass das Krachen sich wiederholen würde. Freud hat mich nur entsetzt angeschaut."[31]

Pauli und Jung hatten also einen gemeinsamen Hintergrund hinsichtlich psychokinetischer Ausstrahlung und führten somit ihren Dialog nicht nur theoretisch. Jung hatte schon vorher einen Begriff eingeführt, der nun zentraler Diskussionsgegenstand wurde, nämlich den der Synchronizität. Damit wird eine nicht-ursächliche, sinnhafte Beziehung bezeichnet, entweder zwischen Psyche und Psyche oder, wie im Falle der Psychokinese, zwischen Psyche und Materie. „Ich habe den Terminus ‚Synchronizität' gewählt", schrieb Jung einmal, „weil mir die Gleichzeitigkeit zweier sinngemäß, aber akausal verbundener Ereignisse als wesentlich erscheint. Ich gebrauche hier also den allgemeinen Begriff der Synchronizität in dem speziellen Sinne von zeitlicher Koinzidenz zweier oder mehrerer nicht kausal aufeinander bezogener Ereignisse, welche von gleichem oder ähnlichem Sinngehalt sind. Dies im Gegensatz zu Synchronismus, welcher die bloße Gleichzeitigkeit zweier Ereignisse darstellt."[32]

Dies ist in bemerkenswerter Übereinstimmung mit den nichtkausalen Korrelationen, die wir mit dem Begriff „Verschränkung" verbunden haben. Im Rahmen der erweiterten Wirklichkeit können wir die Nichtlokalität der Verschränkung als speziellen Fall von Synchronizität auffassen, jedenfalls dann, wenn wir Psyche oder Bewusstsein – wie in den Radin'schen Versuchen geschehen – an die Stelle von Quantenzuständen setzen. Damit fällt neues Licht auf die oft naturwissenschaftlich argwöhnisch beäugten Darstellungen von Jung.

Es scheint, dass Pauli, als er sich mit Jung auf die Diskussion von Synchronizität einließ, den Zusammenhang mit Nichtlokalität nicht kannte oder nicht beachtete. Möglicherweise hat er die zu seiner Zeit noch nicht durch Experimente geklärte Kontroverse um Nichtlokalität als irrelevant betrachtet. Umso erstaunlicher ist der Zusammenhang zwischen den Pauli-Jung-Gedanken und den neueren Einsichten im Gefolge von Nichtlokalität und Verschränkung.

Pauli schreibt an Jung: „Wie verhalten sich die in der modernen Quantenphysik zusammengefassten Tatsachen zu jenen anderen Phänomenen, die von Ihnen mit Hilfe des neuen Prinzips der Synchronizität gedeutet werden? Sicher ist zunächst, dass beide den ‚klassischen' Determinismus überschreiten."[33] Nur zögernd lässt er sich von Jung überzeugen, dass man prinzipiell auch die Beziehung zwischen Phänomenen einbeziehen sollte, die beide materieller Art sind (wie das ja später bei der Nichtlokalität verschränkter Teilchen geschieht). Das ist insbesondere für das Verhältnis von Synchronizität zum Begriff des Archetypus von Belang, die uns hier besonders interessiert. Denn in ihm finden wir eine Konkretion dessen vor, was wir als Hervorquellen von Sein und Bewusstsein aus dem Quantenvakuum kennengelernt haben.

Der Begriff „Archetypus" ist nicht eindeutig definiert, und Pauli legt Wert darauf, dass er „in Bewegung" ist. Jung selbst äußert sich einmal vorsichtig so:

„Ich begegne immer wieder dem Missverständnis, dass die Archetypen inhaltlich bestimmt, d. h. eine Art unbewusster ‚Vorstellungen' seien. Es muss deshalb noch einmal hervorgehoben werden, dass die Archetypen nicht inhaltlich, sondern bloß f o r m a l bestimmt sind, und Letzteres nur in sehr bedingter Weise."[34]

Es handelt sich also nicht um etwas wie die esoterisch verstandene „Akasha-Chronik", ein überpersönliches Repertoire von Weisheiten und Mythen. Es geht um Strukturbedingungen und Fähigkeiten, die in der Geschichte mit Inhalt gefüllt werden. In einem Brief Jungs an Pauli heißt es:

„Die Archetypen sind einerseits Ideen (im platonischen Sinn), andererseits direkt mit physiologischen Vorgängen verknüpft, und in Fällen von Synchronizität erscheinen sie sogar als Arrangeure physischer Umstände, sodass man sie auch als eine Eigenschaft des Stoffes (als eine ‚Sinnbehaftetheit' desselben) betrachten kann."[35]

Neben ihrer Funktion für das Werden von Materie sind Archetypen also Mitgestalter von Leben und menschlicher Erlebnisfähigkeit, einschließlich der Fähigkeit außersinnlicher Wahrnehmung. Über die Naturgesetze hinaus repräsentieren sie die Möglichkeit sinnhafter nichtkausaler Korrelationen. Der Panpsychismus mag darin endloses, nichtlokales Bewusstsein erblicken. Wir lassen Archetypen lieber als über sich hinausweisende Gestaltungsmuster stehen, an die der universale Teil des Seelenbewusstseins angebunden ist.

Wolfgang Pauli zieht in einem Beitrag *Die Klavierstunde* (erst 1995 veröffentlicht) einen bemerkenswerten Schluss für die biologische Evolution:

„Man hat ... den Eindruck, dass die äußeren physikalischen Umstände einerseits und ihnen angepasste erbliche Veränderungen der Gene (Mutationen) andererseits zwar nicht kausal-reproduzierbar zusammenhängen, aber doch einmal – die ‚blinden', zufälligen Schwankungen der auftretenden Mutationen korrigierend – sinnhaft und zweckhaft als unteilbare Ganzheit zusammen mit den äußeren Umständen aufgetreten sind.

Gemäß dieser Hypothese, die sich sowohl von der Darwin'schen als auch von der Lamarck'schen Auffassung unterscheidet, begegnen wir hier eben dem gesuchten dritten Typus von Naturgesetzen, der in einer Korrektur der Schwankungen des Zufalls durch sinnhafte oder zweckmäßige Koinzidenzen nicht kausal verbundener Ereignisse besteht." [36]

Auch unter namhaften zeitgenössischen Evolutionsforschern herrscht kein alleiniger naturalistischer Darwinismus. So hat etwa Simon Conway Morris das „Konvergenzprinzip" entwickelt und reichlich belegt, nachdem viele Phänomene in der Evolution mehrfach völlig unabhängig voneinander unter verschiedenen Ausgangsbedingungen entstehen, also nicht rein durch Mutation und Selektion erklärt werden können. Beispiel ist ein so komplexes Gebilde wie das menschliche Auge, das sich unabhängig in ähnlicher Konstruktion bei der Krake und manchen Ringelwürmern entfaltet hat.[37]

Fassen wir zusammen: Synchronizität ist in der Sprache Jungs und dann auch Paulis Vorwegnahme und Verallgemeinerung der nichtkausalen Korrelationen, die wir als Verschränkung mit der hervorstechenden Eigenschaft der Nichtlokalität kennengelernt haben und die den neuen Wirklichkeitsbegriff der Quantenphysik markieren. Noch allgemeiner werden die Archetypen als umfassende Strukturprinzipien verstanden, die neben den Naturgesetzen die Gestaltung der Natur – einschließlich von Bewusstsein und Geist – ermöglichen oder stimulieren, nicht aber determinieren. Der Seele schaffen sie, bildlich gesprochen, freie Bahn vom erdgebundenen Leben in ein jenseitiges Sein, dessen Sinnhaftigkeit freilich weit über die sinnhaften Archetypen oder das universale Bewusstsein hinausweist.

7. Nahtoderlebnisse, Seele und Religion

Halten wir uns noch einmal eine Doppelfrage vor Augen, die dieses Buch durchzieht: Was leisten die Nahtodberichte zum Verständnis unseres Begriffes von Seele und inwiefern hilft das Nachdenken über Seele, dem Geheimnis des Nahtoderlebens näherzukommen? Welche Rolle, so interessiert uns weiterhin, spielt Religion bei beiden?

Schon die Distanz zwischen „erfahren" und „sprachlich, gar wissenschaftlich, wiedergeben" ist zu bedenken, im normalen Leben und in besonderer Weise bei Nahtoderfahrungen. Physik einzubeziehen könnte eine Falle sein: Naturwissenschaft blendet mit ihrer technischen Anwendung, mit dem sekundären Praxisbezug. Was das Verstehen von Natur, insbesondere geistiger Prozesse, angeht, vergröbert sie oft, zerstört manchmal sogar das Untersuchte – so, wie bei der Betrachtung einer Zelle unter einem Mikroskop vorher die Zelle zerstört wird. Bei den Geisteswissenschaften brennt die Unzulänglichkeit der Sprache häufiger unter den Nägeln. Hilft unsere mit Quantenphysik und Archetypenlehre eingerahmte Rede von der Seele, die Extremerlebnisse zu begreifen und denen, die sie haben, sie gegebenenfalls besser zu „verarbeiten"?

Man liest in Nahtodberichten immer wieder, das Erlebte sei eigentlich unsagbar, nicht mit Worten vermittelbar. Dass viele es für sich behalten, hat zwar oft den Grund, dass sie sich missverstanden oder gar verlacht fühlen. Bei manchen ist es aber auch die Scheu, das „Heilige", dem sie sich nahe fühlten, zu entweihen. Das kann sogar die Meinung nach sich ziehen, nur die seien befugt, angemessen über die mystischen Lichterfahrungen zu sprechen, die sie auch erlebten.

Demgegenüber beklagen sich viele, die von Nahtoderlebnissen überrascht wurden, dass sie Hilfe bei der Bewältigung suchten und von Seelsorgern oder Psychologen abgewiesen, mindestens nicht verstanden wurden. Sie sind dankbar für Gespräche und auch für eine Vergewisserung, dass wissenschaftliche Analyse ihr Erleben nicht als Illusion oder Krankheit „entlarvt". Da die „Nahtodbeschenkten" sehr oft den Glauben an ein Leben nach dem Tod „mitgenommen" haben, interessieren sie zudem Fragen nach der unsterblichen Seele.

Aber auch die umgekehrte Sicht kann für Betroffene bestärkend sein – und zudem verpflichtend –, nämlich zu dem existenziellen Problem, was am Ende des Lebens geschieht, einen Beitrag zu leisten.

Hervorstechend unter diesen „existenziellen Fragen" ist allgemein der Bezug von Seele und Nahtoderfahrungen zur Religion. Nahtoderlebnisse gehören zum gemeinsamen Fundus aller Religionen, wie inzwischen durch eine große Zahl entsprechender Berichte bestätigt ist. In mancher Hinsicht kann man Religionen geradezu durch die Art kennzeichnen, wie sie das Nahtodgeschehen interpretieren.

In diesem Sinne waren unsere bisherigen Überlegungen keine religiösen. Wir haben mit naturphilosophischen Hypothesen eine Vermittlung zwischen naturwissenschaftlicher Weltkenntnis und Erfahrungen, die auf eine vom Körper lösbare Seele hinweisen, herzustellen versucht. Dass bei dem Erstellen von Hypothesen gegebene Überzeugungen mitschwingen können, ist natürlich, da niemand in einem überzeugungsfreien Raum lebt. Bedingung ist jedoch, dass man eine kritische Überprüfung zulässt. Ein gutes Beispiel ist Einstein. Sein von Spinoza geprägtes Weltbild schuf erhebliche Vorurteile gegen die Wahrscheinlichkeitsgesetze der Quantentheorie. Gleichwohl wären die großen Entdeckungen und Erfindungen im Gefolge der Quantenverschränkung vielleicht unterblieben, wenn Einstein nicht gegen die „spukhafte Fernwirkung" gestichelt hätte.

Was unsere Betrachtungen über Bewusstsein und Seele angeht, so steckt in den Differenzen zwischen Panpsychismus und der Rede von einer transzendenzoffenen Seele – mehr oder weniger ausgeprägt – die Tendenz zu einer der markantesten Unterscheidungen in der religiösen Interpretation, nämlich der zwischen Reinkarnationsglauben und Auferstehungsglauben im traditionellen christlichen Sinn. Es handelt sich, wie gesagt, um Überzeugungen, nicht um Beweise. Das schließt nicht aus, Argumente herauszustellen, die eher für die eine Interpretation als für die andere sprechen. Es würde den Rahmen dieses Buches überschreiten, alle solche Argumente in den verschiedenen Religionen zu sammeln. Wir werden uns im letzten Kapitel auf christliche Sichtweisen konzentrieren.

Zuvor kommentieren wir noch eine sehr eigenwillige Art und Weise, mit Nahtoderfahrungen und Seele physikalisch umzugehen. Das erscheint angebracht, weil sie in Deutschland in den vergangenen Jahren eine beachtliche Verbreitung gefunden hat.

8. Die Niemz'sche Seelenflugtheorie

Der Heidelberger Professor für Medizintechnik, Markolf Niemz, hat in drei Büchern (*Lucy mit c. Mit Lichtgeschwindigkeit ins Jenseits*, 2005, *Lucy im Licht. Dem Jenseits auf der Spur*, 2007 und *Lucys Vermächtnis. Der Schlüssel zur Ewigkeit*, 2009) versucht, eine physikalische Erklärung dafür zu finden, was mit der menschlichen Seele in Nahtoderfahrungen und im Tod geschieht. Didaktisch geschickt kommt meistens das Mädchen Lucy zu Wort und erklärt „kinderleicht" die notwendigen physikalischen und philosophischen Überlegungen. Wir setzen eine Lektüre der Bücher nicht voraus, sondern erläutern die maßgeblichen Grundgedanken.

Ausgangspunkt war für Niemz offensichtlich eine Idee, wie man das Tunnel-Licht-Erlebnis in Nahtoderfahrungen erklären könnte. Nach Einsteins Relativitätstheorie gibt es einen Effekt, Scheinwerfereffekt (searchlight effect) genannt, der Folgendes besagt: Bewegt man sich immer schneller in derselben Richtung und erreicht fast Lichtgeschwindigkeit, dann erscheint das Licht in Flugrichtung zusammengepresst und erweckt die Illusion, man würde durch einen Tunnel auf ein sehr helles Licht zufliegen. Es ist ähnlich, wie wenn man bei Schneefall und Windstille sehr schnell Auto fährt: Der Schnee scheint aus der Fahrtrichtung zu kommen und staut sich auf der Windschutzscheibe.

Niemz nimmt also an, dass die vom Körper gelöste Seele, wie immer sie auch zu verstehen ist, im Tunnel-Licht-Erlebnis dem Scheinwerfereffekt unterliegt, aber im Überlebensfall nicht die Lichtgeschwindigkeit c erreicht. Das geschieht erst im Tod, wo dann die Seele in ein ewiges Lichtmeer hineinfließt. Die Seele ist nicht materiell, sonst würde sie nach Einstein bei Erreichen von c unendliche Masse erhalten, was unsinnig ist. Aus Licht oder anderer elektromagnetischer Strahlung besteht die Seele auch nicht, sonst hätte sie schon Lichtgeschwindigkeit und würde nicht beim Verlassen des

Leibes beschleunigt. Sie ist also physikalisch gesehen etwas Unbekanntes. – Das mag als Besonderheit der menschlichen Seele angesehen werden, wenn auch die Anwendung physikalischer Sätze auf diese Seele ebenso merkwürdig erscheint wie deren Übergang bei Erreichen von c in ein nicht mehr physikalisch gedachtes „Jenseits".

Besonders fragwürdig ist die Deutung der Tunnel-Licht-Erfahrung mit dem Scheinwerfereffekt; sie ist ja der einzige empirische Anhaltspunkt für die Theorie vom schnellen Flug der Seele. Zwar gibt Niemz einige Beispiele von Nahtodberichten, in denen die Betroffenen im „Tunnel" eine schnelle Bewegung spüren. Dem stehen aber andere Berichte entgegen, die dem Scheinwerfereffekt widersprechen – ein einziges Beispiel genügte schon, die Niemz'sche Theorie zu falsifizieren. Wir führen mehrere Beispiele an:

Susanne D. berichtet in einem Nahtoderlebnis:

„... eine wohlige, wunderbare Wärme umgab mich, und ich glitt, meinen Körper verlassend, in einen dunklen, warmen, weichen Tunnel hinab in einem sanften Bogen nach unten. Sämtliche Schmerzen waren nicht mehr vorhanden, stattdessen ein ganz angenehmes, wohliges Gefühl der Wärme, welches ich noch nie zuvor gekannt habe. Es befand sich so viel Liebe darin, dass ich es nicht beschreiben kann.

Während ich in dem Tunnel oder Schlauch nach unten glitt, hatte mein Körper eine schemenhafte Form, die vor einem/r violett/pinkfarbenen Aura umgeben war. Des Weiteren führte in der gleichen Farbe eine hauchdünne, schwach flimmernde Leine von meinem Körper zu dem Ende des Schlauches, an dem ich hineingeglitten war. Ich bewegte mich auf den tiefsten Punkt des Schlauches zu, der nach diesem Punkt wieder aufwärts führte. Ich war wahnsinnig gespannt auf die andere Seite. Denn irgendwo dort wartete ein Licht auf mich."[38]

Hier ist der Tunnel-Eindruck nicht eine Folge des Blicks auf ein größer werdendes Licht. Da der Tunnel eine Biegung nimmt, ist das Licht gar nicht gleich sichtbar; die Existenz des Lichtes ist innere Gewissheit. Auch ist nicht von einer schneller werdenden Bewegung die Rede, sondern von einem „Gleiten" mit Blick auf eine Verbindungsleine zum Tunnelanfang. Das alles erinnert nicht an einen Scheinwerfereffekt.

Betrachten wir die in I, 3 und I, 5 angegebenen Beispiele, so bietet sich ebenfalls kaum ein solcher Bezug: Günter Miersch (S. 18 ff) spricht (in der dritten Phase seines Erlebnisses) von „Seitenwänden des Tunnels", von „sternähnlichen Lichtern" und von einem hellen Raum, in dem er sich plötzlich befindet. Ähnlichkeit mit einem Scheinwerfereffekt müsste man da schon gewaltsam hineindeuten. – Anna Brückner (S. 28 f) sieht sich erst von einem hellen Licht umgeben und bewegt sich dann von ihrem Körper weg. – Heinz W. (S. 29 ff) erlebt einen Tunnel, der sich verzweigt in einen dunklen und einen lichterfüllten Teil. Auch hier ist also der Tunneleindruck nicht durch ein sich näherndes Licht zustande gekommen, sondern primär vorhanden. – So könnte man fortfahren.

Nicht minder bedenklich ist die Tatsache, dass es beim Scheinwerfereffekt keinen Tunnelausgang gibt. Denn es handelt sich ja um einen optischen Eindruck, der nur bei hoher Geschwindigkeit existiert. Bleibt die raketenartig beschleunigte „Seele" des Nahtodbetroffenen stehen, dann verschwinden Licht und Tunnel völlig. Nun berichtet im Widerspruch dazu Niemz selbst (in: *Lucy im Licht*, S. 82) von einer Nahtod-Betroffenen, Cornelia, die sagt: „... Als ich unter dem Tunnelausgang stand ..."

Insgesamt gesehen ist die versuchte Erklärung des Tunnel-Licht-Erlebnisses mithilfe des Scheinwerfereffektes weder durch Nahtodberichte ausreichend gedeckt noch trägt sie den mystischen Qualitäten des erlebten Lichtes Rechnung.

Man kann in ihr eine physikalistische Abwertung dieses bedeutsamen Geschehens erblicken.

Im Falle des Todes, wenn also nach Niemz die Seele Lichtgeschwindigkeit erreicht und in das „Meer des Lichtes" einfließt, wird ebenfalls nicht zwischen gewöhnlichem und mystischem Licht unterschieden. Das wirft viele Fragen auf; wir diskutieren das nicht im Einzelnen. Insgesamt sieht Niemz, wie er vor allem im dritten seiner Bücher verdeutlicht, seinen Umgang mit Seele und Licht als eine Variante des Buddhismus an.

Unbeschadet vieler interessanter und bedenkenswerter Aussagen der Niemz'schen Bücher sehen wir also die auf dem Scheinwerfereffekt beruhende „Seelenflugtheorie", auf der sie aufbauen, für eine Erläuterung von Nahtoderfahrungen als nicht geeignet an und teilen schon aus diesem Grunde nicht deren buddhistische Konsequenzen, wenn ein Mensch stirbt.

9. Unsterbliche Seele und christlicher Auferstehungsglaube

Als Überleitung zu den christlichen Interpretationen von Seele und Nahtoderfahrungen vergegenwärtigen wir uns noch eine andere „Seelenflugtheorie", nämlich die Vorstellung eines „Seelenvogels". Sie reicht weit zurück. Erste Illustrationen hat man in der Höhle von Lascaux in Südwestfrankreich gefunden; sie sind etwa 17 000 Jahre alt. Besonders ausgeprägt ist diese Theorie als Vorstellung von der Ba-Seele im alten Ägypten des 4. vorchristlichen Jahrtausends. Unter mehreren Seelen des Menschen zeichnet diese sich dadurch aus, dass sie die geistigen und charakterlichen Eigenschaften des Individuums repräsentiert. Sie wächst mit dem Körper heran, ist also nicht präexistent. Beim Tod verlässt sie als Seelenvogel den Körper. In Illustrationen sind dem Vogel deutlich menschenähnliche Züge aufgeprägt. Das Davonfliegen der Ba-Seele kann aber auch – einem Nahtoderlebnis vergleichbar – vorübergehend sein, der Vogel noch einmal in den Leib zurückkehren, solange dieser noch intakt ist. Um das für möglichst lange Zeit zu gewährleisten, hat sich der Mumienkult entwickelt.

Es besteht eine hohe Wahrscheinlichkeit, dass die Idee des Seelenvogels, mindestens aber die Vorstellung einer zurückkehrenden Ba-Seele, aus Nahtoderlebnissen heraus erwachsen ist. Sie illustriert in eindrucksvoller Weise den Ablösevorgang im Tod oder Nahtod: ein Vogel als lebendige Ganzheit, die sowohl über dem Leib zu schweben wie auch zum Licht hin davonzufliegen vermag.

Die reizvolle Frage, welche historischen Spuren von der ägyptischen Idee des Seelenvogels als einer Metapher zum christlichen Gedanken der unsterblichen Seele zu finden sind, verfolgen wir hier nicht weiter, sondern kehren in die Gegenwart und das 20. Jahrhundert zurück. Von *der* christlichen Seelenvorstellung kann man hier allerdings nicht reden, weil es sehr weit auseinanderklaffende Anschauungen gibt. Wir skizzieren zunächst zwei Beispiele, denen wir nicht folgen.

Da ist zunächst die sogenannte Ganztod-Theologie, die von den evangelischen Theologen Paul Althaus und Karl Barth im 20. Jahrhundert verbreitet wurde. Danach stirbt der Mensch mit Leib und Seele, wie das die naturalistische Weltanschauung verlangt. Auferstehung wird in einer Art Super-Kreationismus gedeutet: Während Gott sich bei der Erschaffung des ersten Menschenpaares sechs Tage Zeit ließ, erweckt er am „Jüngsten Tage" alle Menschen auf einen Schlag, aus seinem Gedächtnis heraus (Barth) oder nach einer Art Schlafzustand (Althaus). Wie diese an vage anthropomorphe Vorstellungen anknüpfenden Aussagen zu verstehen sind, bleibt unklar.

Gibt es in der Ganztod-Theologie wenigstens überhaupt eine Fortsetzung des irdischen Seins, dann sieht das noch anders aus in der Lehre, wie sie der katholische Theologe Christian Hoppe im Jahr 2011 vertritt: „Leben nach dem Tod" wird durch „ewiges Leben" ersetzt, aber in dem Sinne, dass sozusagen die Karteikarte, auf der mein Leben aufgezeichnet ist, in Ewigkeit archiviert bleibt. Man könnte das als Verspottung der Rede vom ewigen Leben auffassen, wäre es nicht theologisch feinsinnig verpackt:

„Der Tod beendet das Leben, doch er kann es nicht vernichten; denn was jemals ‚in Wirklichkeit' war, kann nicht mehr ungeschehen gemacht werden. ‚In Wirklichkeit' – aus Sicht des biblischen Offenbarungsglaubens also: in Gott – bleibt ein wirklich gelebtes Leben für alle Zeit und Ewigkeit wirklich, selbst wenn sich einmal kein Mensch mehr an uns erinnern kann. Die bleibende Wirklichkeit des Vergangenen wird nicht durch Erinnerungen der noch Lebenden konstituiert, man kann sich Wirklichkeit nicht ausdenken; vielmehr haben sich unsere Erinnerungen umgekehrt an der vergangenen Wirklichkeit zu bemessen. Da unsere Erinnerungen an die Toten unvollständig und in vielen Aspekten verzerrt

sind, steht uns kein abschließendes Urteil über sie zu; doch irgendwie war jeder Mensch ‚in Wirklichkeit'."[39]

Der protestantische Theologe Eberhard Jüngel hat schon 1971 in seinem Buch *Tod* ähnliche Thesen verbreitet. Hoppe ist nicht nur Theologe, sondern auch Neurobiologe und hat sich mit Nahtoderfahrungen befasst. Er gehört zu den Zeitgenossen, die dem naturalistischen Menschenbild verhaftet bleiben, was schwer verständlich ist, da er über die quantenphysikalische Veränderung unseres Weltbildes sowie die Van-Lommel-Studie informiert wurde.

Man kann sich gut vorstellen, dass Seelsorger, die in dieser Weise Theologie studiert haben, dann hilflos gegenüber Menschen sind, die ihnen von Nahtoderlebnissen und der damit verbundenen Gewissheit erzählen, sich an der Grenze zu einem Leben nach dem Tod befunden zu haben.

Ernst Benz, ein bedeutender evangelischer Theologe des 20. Jahrhunderts, war eine der Ausnahmen und hat schon 1983 die Situation der Ganztod-Theologie auf den Punkt gebracht:

„Im Protestantismus hat sich die kümmerlichste aller Jenseitsvorstellungen durchgesetzt, nämlich, dass der Mensch, wenn er stirbt, mausetot ist und dann vielleicht nach einem Zeitraum von unbestimmter Länge am Jüngsten Tag, an den auch niemand mehr glaubt, wieder durch einen Akt der Neuschöpfung auferweckt wird, um dann gerichtet zu werden. Das ist alles so absurd wie nur möglich und verkennt schon die Tatsache, dass zum persönlichen Leben die Kontinuität der Persönlichkeit und die lebendige Entwicklung gehören. In der katholischen Kirche war dieser Gedanke der Kontinuität der Persönlichkeit und ihrer Entwicklung wenigstens noch durch die Lehre vom Fegefeuer gewahrt, aber die Katholiken glauben ja auch nicht mehr ans Fegefeuer. Die Kirche ist offenbar weitgehend den Angriffen der zweiten Aufklärung erlegen. Sie hält noch immer die materialistische und positivistische

Wissenschaft des 19. Jahrhunderts für den höchsten Stand der Wissenschaftlichkeit und hat übersehen, dass die führenden Männer der heutigen Naturwissenschaft das stolze Selbstbewusstsein Haeckels, die Welträtsel gelöst zu haben, hinter sich gelassen haben und dass sich an der Spitze der wissenschaftlichen Entwicklung bereits ein ganz neues Verständnis von Glaube und wissenschaftlicher Erkenntnis abzeichnet."[40]

Dieses neue Verständnis ist ja Gegenstand des vorliegenden Buches. Eine theologische Sicht von Seele und Leben nach dem Tod, die in besonderer Weise weiterhilft, wird seit etlichen Jahren von dem katholischen Theologen Gisbert Greshake (1992) und anderen vertreten und kurz durch das Stichwort „Auferstehung im Tod" gekennzeichnet. Sie ist eine unmittelbare Interpretation dessen, was wir aus Nahtodberichten kennen. Hätte beispielsweise Günter Miersch (s. S. 18ff) im Lichterlebnis auf seine Bitte, noch bleiben zu dürfen, nicht die Antwort gehört, er müsse zurück, sondern ein „Auf ewig willkommen!", so wäre er nicht in seinen Leib zurückgekehrt. Seine Seele und damit er selbst wären im Licht geblieben, „im Tode auferstanden".

Hier stellt sich nun die Frage nach der neuen Leiblichkeit, die mit der Seele verbunden ist. Weiter oben (III, 1) haben wir sie, noch ohne das Wort „Seele" zu benutzen, diskutiert. Die Nahtodberichte sagen darüber wenig aus, im Unterschied zum Selbstbewusstsein und der Erinnerung, die bleiben oder noch gesteigert werden, zur Wahrnehmung, die als außersinnliche Wahrnehmung fortbesteht, oder zu Denken und Fühlen, die von ausgeprägter Klarheit sind. Manche berichten, dass sie gehen oder greifen – das könnte phantomartiges Erleben sein. Manche sehen sich in einem Kleid oder nehmen einen Teil ihres Körpers wahr. Hanny M. (S. 39ff) erlebt, wie sie geht, bezeichnet sich aber trotzdem als körperlos. Das Erleben der Körperlichkeit ist also vielfältig und offen. Das mag mit dem Übergang zu tun haben: Der Leib in seiner alten Gestalt bleibt ja zurück. Die Seele erhält vielleicht erst im endgültigen Jenseits eine neuartige Leiblichkeit, über die wir aber nichts mehr wissen können, weil sie nicht schon im „Nahtod", sondern erst im „Tod" erfahrbar wäre. Selbst die Begegnung mit Verstorbenen im Lichterlebnis oder bei einer Nachtodbegegnung könnte, so haben wir schon früher bedacht, in bildhafter Einkleidung gewesen sein, wenngleich mit den vom irdischen Leben mitgebrachten Merkmalen, die ein „Du"-Erleben voraussetzen.

Von manchen dem Naturalismus verhafteten Theologen wird behauptet, der Begriff „Seele" sei dem Neuen Testament fremd und erst durch das dualistische Denken Platons in das Christentum gekommen, nach dem die Seele im Gefängnis des Leibes gefangen sei. Der Schweizer evangelische Theologe Felix Gietenbruch hat derartige Argumente eingehend analysiert und urteilt:

„Dabei wird historisch-philosophisch argumentiert, dass das Judentum einen Leib-Seele-Dualismus wie das Griechentum nicht kenne; die Griechen seien leibfeindliche ‚Dualisten', Juden ganzheitliche ‚Monisten'. Dieser angeblich jüdisch-christliche Monismus trägt freilich Züge einer modernen Projektion; die moderne, letztlich materialistische Betrachtung des Menschen (Bewusstsein bzw. Geist kommt nur in Bindung an das Gehirn vor) wird ins Judentum projiziert. – Im Folgenden wollen wir zeigen, dass diese Betrachtungsweise einen grundlegenden Fehler enthält; sie geht nämlich davon aus, dass die griechische Seele eine leiblose Entität gewesen sein soll. Dieser radikale Dualismus ist aber eine Kreation der Spätscholastik; durch Descartes ist er zum Grundproblem des Leib-Seele-Dualismus geworden (vgl. Greshake 1992, 230–237); er ist nicht einfach auf die Antike übertragbar."[41]

Unsere durch das neue Weltverständnis gestützte Auffassung von Seele hat also beträchtliche Nähe zu den Ursprüngen in

Judentum, Christentum und Antike. Die neuzeitliche Diskussion des Leib-Seele-Problems ist für unsere Betrachtungsweise kaum noch von Belang.

Im Neuen Testament selbst wird der auferstandene Christus weder als gewöhnlicher Mensch dargestellt – er kommt durch verschlossene Türen, erscheint plötzlich und verschwindet wieder – noch als Halluzination: Er weist auf die Narbe hin, die von einer Wunde bei seiner Kreuzigung stammt, er spricht mit vertrauten Menschen und veranlasst sie zu nachhaltigem Tun. Die Ähnlichkeiten zu Nahtoderfahrungen und Nachtodbegegnungen sind unverkennbar. Eine Ausnahme bildet die Tatsache, dass Jesus meistens mehreren Menschen gleichzeitig begegnet. Die Besonderheit und Einmaligkeit der Auferstehung Jesu können wir stehen lassen. Nur wäre es gut, wenn die Theologen ihren Streit um das „leere Grab" beendeten; er betrifft nicht das Wesen und die Gestalthaftigkeit des Auferstandenen.

Wenden wir uns noch einer letzten Frage zu, die sich immer wieder aufdrängt, obwohl sie die Grenzen, die unseren letztlich diesseitigen Perspektiven gesetzt sind, weit überschreitet, aber Gegenstand von Theologie ist: Was geschieht eigentlich im „Alltag" des Jenseits? Die kitschigen „Engelchen auf Wölkchen" haben oft diese Frage verzerrt. Nahtod- oder Nachtodbegegnungen, wie wir sie betrachtet haben, sind Ausnahmesituationen, wenn auch die „wunderbaren Landschaften", die gehörte Musik und vor allem das euphorisch erlebte Licht so etwas wie einen „Blick durch das Schlüsselloch" anbieten.

Konkret ist die Aussage vom Fegefeuer, die aus einer historischen Entwicklung heraus längere Zeit im katholischen Raum gelehrt wurde und der wir nicht folgen möchten. Immerhin schlagen manche Gelehrte, so der protestantische Theologe Jürgen Moltmann, eine bedenkenswerte Alternative vor: Die erste Phase nach dem Tod bietet die Möglichkeit, Unvollendetes zu vollenden, heil zu werden, eine

Chance zu erhalten, die auf Erden nicht existierte. Das klingt zweckhaft, opportunistisch. Warum sollte es aber deshalb nicht Wahrheit sein und Gott gemäß als dem Inbegriff von Gerechtigkeit und Liebe? Moltmann wörtlich:

„Bedenke das Leben derer, die nicht leben durften und nicht leben konnten: das geliebte Kind, das bei der Geburt starb, der Junge, der mit vier Jahren von einem Auto überfahren wurde; der behinderte Bruder, der nie bewusst gelebt hat und seine Eltern nicht kannte, der Freund, den mit sechzehn Jahren eine Bombe neben dir zerriss; die vielen Kinder in Afrika, die aus Hunger vor ihrer Zeit sterben; die unzähligen Menschen, die vergewaltigt, ermordet und getötet worden sind. Gewiss kann ihr Leben große Bedeutung für andere gewinnen. Doch wo und wie wird ihr eigenes Leben vollendet? Kann ihr Leben nach ihrem Tod irgendwo geheilt, ergänzt, ausgelebt und vollendet werden?

Die Vorstellung, dass mit ihrem Tod ‚alles aus' ist, würde die ganze Welt in Absurdität stoßen, denn wenn ihr Leben keinen Sinn hat, hat dann unser Leben einen?" [42]

Einer der wenigen Anhaltspunkte für dieses Heilwerden ist die Schmerzfreiheit, die kranke Menschen im Nahtoderlebnis spüren. – Was sonst alles im jenseitigen Sein geschehen wird, auch Rechenschaft, Gericht, wir wissen es nicht im Einzelnen. Aber die unsagbare Liebe, die in Nahtodbegegnungen erfahren wird, entspricht der befreienden Botschaft der Liebe, die Kernaussage der christlichen Auferstehungshoffnung ist.

Literatur

Atmanspacher, H./Primas, H./Wertenschlag-Birkhäuser, E. (Hg.), Der Pauli-Jung-Dialog und seine Bedeutung für die moderne Wissenschaft, Berlin/Heidelberg 1995
Atmanspacher, H./Römer, H./Walach, H., Weak quantum theory: Complementarity and entanglement in physics and beyond, in: Foundations of Physics 32, 379–406, 2002
Benz, E., Parapsychologie und Religion. Erfahrung mit übersinnlichen Kräften. Mit einem Vorwort von Hans Bender, Freiburg i. Br. 1983
Botkin, A./Hogan, C., Zwischen Trauer und Versöhnung. IADC: Therapeutische Kommunikation mit Verstorbenen – Heilung von Schuld und Trauma, Kirchzarten bei Freiburg 2009
Conway Morris, S., Jenseits des Zufalls. Wir Menschen im einsamen Universum, Berlin 2008
Ewald, G., Ich war tot. Ein Naturwissenschaftler untersucht Nahtoderfahrungen, Augsburg 1999 (Neuausgabe Weltbild 2008)
Ewald, G., Gehirn, Seele und Computer. Der Mensch im Quantenzeitalter, Darmstadt 2006
Ewald, G., Nahtoderfahrungen – Hinweise auf ein Leben nach dem Tod?, Mainz [4]2009
Gietenbruch, F., Höllenfahrt Christi und Auferstehung der Toten. Ein verdrängter Zusammenhang, Zürich 2010
Greshake, G./Kremer, J., Resurrectio mortuorum. Zum theologischen Verständnis der leiblichen Auferstehung, Darmstadt 1992
Gruber, E. R., Die PSI-Protokolle. Das geheime CIA-Forschungsprogramm und die revolutionären Erkenntnisse der neuen Parapsychologie, München 1998
Guggenheim, J./Guggenheim, B., Trost aus dem Jenseits. Unerwartete Begegnungen mit Verstorbenen, Frankfurt/Main [2]2008
Jung, C. G., Erinnerungen, Träume, Gedanken, Zürich [10]1997
Koch, Christof: Bewusstsein – ein neurobiologisches Rätsel, München 2005
Mattiesen, E., Das persönliche Überleben des Todes. Eine Darstellung der Erfahrungsbeweise (3 Bde.), Berlin/Leipzig 1936–1938

Meier, C. A. (Hg.), Wolfgang Pauli und C. G. Jung. Ein Briefwechsel 1932–1958, Berlin/Heidelberg 1992
Moltmann, J., Das Kommen Gottes. Christliche Eschatologie, Gütersloh 1995
Moody, R. A., Leben nach dem Tod. Die Erforschung einer unerklärten Erfahrung, Reinbek 1994
Morse, M./Perry, P. Closer to the Light. Learning from the Near-Death Experiences of Children, New York 1990
Morse, M./Perry, P., Verwandelt vom Licht. Über die transformierende Wirkung von Nah-Todeserfahrungen, München 1994
Niemz, M. H., Lucy mit c. Mit Lichtgeschwindigkeit ins Jenseits, München ^{2}2005
Niemz, M. H., Lucy im Licht. Dem Jenseits auf der Spur, München 2007
Niemz, M. H., Lucys Vermächtnis. Der Schlüssel zur Ewigkeit, München 2009
Radin, D., Entangled Minds. Extrasensory Experiences in a Quantum Reality, New York 2006
Schrödinger, E., Geist und Materie, Wien 1959
Serwaty, A./Nicolay, J. (Hg.), Nahtod und Transzendenz – eine Annäherung aus Wissenschaft und Erfahrung, Santiago 2007
Serwaty, A./Nicolay, J. (Hg.), Begegnung mit Verstorbenen. Beiträge aus Wissenschaft und Therapie zu einem tabubesetzten Thema, Santiago 2011
Sheldrake, R., Der siebte Sinn der Tiere, Bern/München/Wien 1999
Smit, R. H./Rivas, T., Rejoinder to „Response to ‚Corroboration of the Dentures Anecdote Involving Veridicial Perception in a Near-Death Experience'", in: Journal of Near-Death Studies 28 (2010), 193–205
Van Lommel, P. Endloses Bewusstsein. Neue medizinische Fakten zur Nahtoderfahrung, Düsseldorf 2009
Woerlee, G. M., Response to „Corroboration of the Dentures Anecdote Involving Veridicial Perception in a Near-Death Experience", in: Journal of Near-Death Studies 28 (2010), 181–191
Zeilinger, A., Einsteins Spuk. Teleportation und weitere Mysterien der Quantenphysik, München 2005 (Taschenbuch 2007)

Anmerkungen

1. Vgl. dazu meine früheren Beiträge 1999, 2006, 2009 mit anderen Schwerpunkten als im hier vorliegenden Buch.
2. Van Lommel 2009, 150.
3. A.a.O., 151–161.
4. A.a.O., 48.
5. Woerlee 2010; Smit/Rivas 2010.
6. Morse 1994, 43 und 1990, 5.
7. Morse 1990, 5.
8. A.a.O., 6.
9. A.a.O. Über diesen und die beiden vorigen Abschnitte vgl. Morse 1994, 43 und 81.
10. Aus: nte-report 3/06; vgl. Serwaty/Nicolay 2007, 174.
11. Guggenheim 2008.
12. Jung 1997, 143.
13. Guggenheim 2008, 22.
14. Vgl. Evelyn Elsaesser-Valarino in einem Beitrag „Nachtodkontakte in der internationalen Forschung" in Serwaty/Nicolay 2011, 61–99.
15. A.a.O., 24.
16. A.a.O., 31.
17. A.a.O., 225.
18. A.a.O., 235.
19. Zu diesem und dem vorigen Abschnitt vgl. Gruber 2001.
20. Vgl. z.B. Sheldrake 1999, 43ff.
21. Schrödinger 1959, 9.
22. A.a.O.
23. Van Lommel 2009, 254.
24. Zeilinger 2007, 201, wobei wir Venn-Diagramme einführen. Auch insgesamt halten wir uns an das Zeilinger'sche Buch.
25. Koch 2005, 13.
26. Radin 2006, 236. Vgl. zu diesem Fragenkreis die „Schwache Quantentheorie', wie sie Atmanspacher, Römer und Walach darstellen in: Atmanspacher et al. 2002.
27. Van Lommel 2009, 239–240.
28. A.a.O., 263.

[29] A.a.O., 328.
[30] A.a.O., 298.
[31] A.a.O., 159–160.
[32] Jung 1997, 417.
[33] Meier 1992, 57–58.
[34] Jung 1997, 410.
[35] Meier 1992, 102.
[36] Atmanspacher et al. 1995, 326.
[37] Conway Morris 2008, 93ff.
[38] Ewald 2009, 20.
[39] Hoppe 2011 in: www.theologie-naturwissenschaft.de
[40] Benz 1983, 32. Zit. nach Gietenbruch 2010, 13.
[41] Gietenbruch 2010, 50.
[42] Moltmann 1995, 138–139.

Danksagung und Hinweis

Danken möchte ich meinem Freund Hans Steinacker für wertvolle Hinweise und Anregungen sowie all denen, die mir persönliche Berichte geschickt und so dem Buch eine Erfahrungsgrundlage gegeben haben.

Über Rückmeldungen und die Mitteilung eigener Erlebnisse freue ich mich nach wie vor, am liebsten mit einer E-Mail: ewaldfamily@t-online.de, sonst Fax 0234-7070521 oder Brief Aeskulapweg 7, 44801 Bochum.

Namen- und Sachregister

Althaus, Paul 157
Angst 18, 24, 29, 32, 35, 45, 52, 60, 69, 76f, 83, 96
Anomalistik 99
Archetypus 146-149
Aspect, Alain 109, 113
Atom 101-104, 111
Atombombe 104
Atomkern 102-104
Auferstehung(sglaube) 151, 156
Außerkörpererfahrung 11, 13-15, 17, 26, 48, 54, 61f, 64-67, 69, 72, 76f, 131
Barth, Karl 157
Bell, John 109, 114f
Bell'sche Ungleichung 117-121, 133, 135
Benz, Ernst 158
Bewusstsein 7, 13, 18, 24, 27, 46f, 101, 104-107, 109, 123, 125, 127, 130f, 134, 137f, 140, 146, 148, 150, 160
- endloses 138, 147
- nicht-lokales 139, 141, 147
- universales 148
Birbaumer, Niels 132
Botkin, Allan 96
Buddhismus 47, 66, 105, 155

Chalmers, David 139
Chaostheorie 127
Conway Morris, Simon 147
Crick, Francis 126, 129

Darwinismus 147

Demokrit 103
Descartes, René 160
Determinismus 146
Diesseits 96, 123, 125
Drehmoment 104, 128
Dürr, Hans-Peter 124
Dualismus 160

Eccles, John 126
Einstein, Albert 108f, 121f, 150, 152
Ekstase 42
Elektron 101f, 104-106, 108, 121
Endorphine 26
Energie 104, 122, 138
Engel 72, 75, 81, 161
Enkephaline 26
Erlösung 55

Freud, Sigmund 100, 144

Ganztod-Theologie 157f
Gehirn 26f, 63, 79, 99, 128, 132, 138, 140f, 160
Geist 27, 32, 49, 63, 66, 101, 104, 123, 148, 160
Geistwesen 24, 35
gequantelt 104
Gietenbruch, Felix 160
Glaube 9, 12, 14, 24, 32, 34, 93, 150
Glück/Glücksgefühl 22, 26, 40, 60f, 69, 71f
Gott 32, 35, 41, 46, 48, 70, 81, 89, 157

Gottesvision 34
Gravitation 104
Gray, Charles 127 f
Greshake, Gisbert 159 f
Grodhues, Juliane, 96
Guggenheim, Judy und Bill 85, 91–93, 96

Haeckel, Ernst 159
Halluzination 26
Hameroff, Stuart 126, 128
Heisenberg, Werner 125
Hellsehen 98 f, 134
Hepp, Klaus 126
Herzstillstand 8, 14–16, 76, 137
Hirnbiologie/hirnbiologisch 16, 25–27, 105, 126, 131
Hirnforschung 125–127
Hoffnung 34
Hogan, Craig 96
Hoppe, Christian 157 f
horror vacui 102
Hypnose 138

Immanenz 125

Jenseits 64, 73, 83, 96, 123–125, 141, 160 f
Jung, Carl Gustav 8, 90, 140, 142–146, 148
Jüngel, Eberhard 158

Kausalbeziehung 108, 110, 121
Koch, Christof, 126, 128–131
Koma 26, 51, 71, 79 f, 130
Konvergenzprinzip 147
Korrelation 122
– nicht-kausale 110, 131 f, 134, 147 f
– nicht-lokale 140
klassische Physik 103
Körper 7, 17 f, 22, 24, 26, 28, 32 f, 36–38, 41 f, 46–51, 54, 63 f, 66, 68 f, 76, 92, 94, 123, 138, 140, 150, 152 f
Kraft 104, 123, 138

Lamarck, Jean Baptiste 147
Leben 41, 46, 48, 50, 58 f, 70, 104, 138, 147
– nach dem Tod 12, 14, 31, 48, 53 f, 89, 150, 157–159
Lebensfilm s. Lebensrückschau
Lebensrückschau 11, 14, 17, 20 f, 40
Leib-Seele-Verhältnis 107, 161
Licht 31, 101, 111, 113, 138, 152–156, 159
– mystisches 154
Lichterfahrung 23 f, 26, 31, 33, 38, 45–47, 49–51, 55 f, 59 f, 64, 69 f, 72–75, 92, 134, 141, 149, 154, 159 f
Lichtgeschwindigkeit 55, 108, 122, 132, 138, 152, 155
Lichtgestalt 14, 34, 72 f
Liebe 22, 28, 36–38, 40, 45, 49, 57 f, 70, 72, 153, 162

Materialismus/materialistisch 17, 19, 105, 123, 144, 158, 160
Materie 101 f, 107, 123, 138 f
Mathematik 103, 124
Mattiesen, E. 85
McMoneagle, John 99
Meier, C.A. 143
Menschenbild, 15, 25, 158
Molekül 103 f, 128
Moltmann, Jürgen 161 f
Moody, Raimond 7, 11, 39, 80
Morse, Melvin 79 f
mystisch 141
Mythen 31

Naturalismus 13, 105, 143, 158, 160
Neurobiologie/neurobiologisch s. Hirnbiologie/hirnbiologisch
Neuroforschung s. Hirnforschung
Newton, Isaac 103

Nichtlokal/Nichtlokalität
107-110, 114, 119, 128, 132f,
135, 137f, 145f
Niemz, Markolf 7, 152-155

Panorama s. Lebensrückschau
Panpsychismus 139, 141f, 147,
150f
Parapsychologie 99, 144
Pauli, Wolfgang 8, 142-148
Photon 103f, 108, 111, 113f,
117f, 120f, 133-135
Planck, Max 104
Platon 160
Podolsky, B. 109
Polarisation 112, 117, 135
Potenzialität 103f
Präkognition 98
Psychokinese 98f, 134, 143, 145
Psychologie 107, 138

Quantencomputer 109, 122,
126, 128
Quantenphysik/quantenphysikalisch 7, f, 25, 27, 100,
106, 108f, 126, 129, 136-138,
148f
Quantenschaum 139
Quantentheorie 101, 103, 107,
111, 125, 143, 150
Quantenvakuum 104, 122f, 138,
146
Quantenzustand 104f, 108, 110,
112, 128, 131, 134, 143, 145

Radin, Dean 100, 134, 145
Raum 102-104, 125,
- nicht-lokaler 138, 140
Raumzeit 104
Reanimation 12-15, 79
Reinkarnationsglaube 151
Relativitätstheorie 108, 121,
152
Religion(en) 31, 47, 89, 96, 129,
151
Retrokognition 98

Rosen, N. 109
Rosenbaum, Erna 143

Saint-Saëns, Charles-Camille 47
Scheinwerfereffekt 152-155
Schläfenlappen 26
Schmerzen 29, 40, 57f, 60, 153
Schmetterlingseffekt 127
Schreckenserlebnis 12
Schrödinger, Erwin 106-108
Schwebeerlebnis 11, 15, 52, 54,
62, 72, 76f, 92, 137
Schwebezustand 191, 27
searchlight effect s. Scheinwerfereffekt
Searle, John 130
Sein 104-107, 139, 141, 146
Serwaty, Alois 81
Singer, Wolf 127f
Skeptiker 16f, 93
Smit, R.H. 16
Spinoza, Baruch 108, 150
Spiritualität/spirituell 66, 126
Stalin 33, 99
Stapp, Henry, 126
Sterben 40, 43, 60, 89
Stern, Otto 143
Strauss, Richard 47
Synchronizität 67, 145, 148

Teilchen 103, 138
Teilchencharakter 111
Telepathie/telepathisch 85, 87,
92, 94, 98, 100, 132-136
Tod 7, 24, 47, 50, 52, 54f, 70, 73,
77, 89, 142, 152, 156
- klinischer 13
Transzendenz 82, 125
Traum 35, 37f, 52-55, 60f, 73,
77, 79, 87, 89-91, 93, 98
Trost 89f, 96
Tunnel 14, 22f, 30f, 38, 45, 54,
60, 76, 80, 154
Tunnel-Licht-Erfahrung 11, 17,
26, 59f, 74, 152-154

171

Vakuum 104, 140
Van Lommel, Pim 8, 12f, 15, 17, 20, 98, 107, 137, 139, 141f, 158
Verschränkung 107–109, 112, 119, 122f, 128, 131–133, 135, 137f, 141, 145, 148
Vision 38, 76

Wahrnehmung 50, 94, 107, 140, 159
außersinnliche 89f, 98, 124, 147, 159
Wahrscheinlichkeit 121, 126, 133, 150

Welle(ncharakter) 103, 11
Weltbild 27, 66, 96, 108, 137, 150
– erweitertes 96, 142
– naturalistisches 17, 157
Wiederbelebung s. Reanimation
Wirklichkeit(sverständnis) 103, 107, 122, 124
– erweiterte 145
Worlee, G.M. 16f

Zeilinger, Anton 115
Zeit 103

In derselben Reihe ebenfalls erschienen:

HANS KESSLER

Evolution und Schöpfung in neuer Sicht

221 Seiten
Format: 13 x 21 cm
Gebunden mit Schutzumschlag
und Lesebändchen

ISBN 978-3-7666-1287-8

Der Konflikt zwischen Schöpfungsglaube und Evolution ist überraschend heftig wieder aufgeflammt. Prominente Biologen wie Richard Dawkins vertreten einen aggressiven Atheismus, während die Vertreter eines „Intelligent Design" beweisen wollen, dass bestimmte Phänomene nur durch Gottes planendes Gestalten zu erklären sind.
Hans Kessler analysiert sorgfältig und nüchtern die Erkenntnislage der Naturwissenschaften und die Blickweise der Religion, bringt sie in Bezug zueinander und entwickelt so eine fundierte Schöpfungstheologie im Gespräch mit den Herausforderungen heutiger Naturwissenschaft. Die Bilanz eines zwanzigjährigen interdisziplinären Dialogs.

BUTZON BERCKER
www.religioeses-sachbuch.de
www.bube.de

LEONARDO BOFF
Sehnsucht nach dem Unendlichen

Spirituell leben

131 Seiten
Format: 14,5 x 22 cm
Gebunden mit Schutzumschlag
und Lesebändchen

ISBN 978-3-7666-1478-0

Krisenzeiten werfen uns Menschen zurück auf die Frage nach dem Sinn – tief in uns spüren wir die Sehnsucht nach dem Unendlichen. Beispiele dafür findet Leonardo Boff in der gesamten Menschheitsgeschichte: in der Mythologie, in Literatur und Poesie und auch in den modernen Naturwissenschaften. Daraus zieht er seine Überzeugung, dass Spiritualität mehr ist als Religion: Sie ist „der innerste Glutkern jeder Religion". Sein Streifzug durch die Religionen der Menschheit zeigt, dass Spiritualität durchaus alltagstauglich ist. Mit konkreten Tipps, wie wir die spirituelle Dimension unseres Daseins füllen können, ist dieses Buch Anregung für alle, die ihrem Leben eine andere Richtung geben wollen.

BUTZON BERCKER
www.religioeses-sachbuch.de
www.bube.de

Weitere Sachbücher bei Butzon & Bercker in Auswahl:

THOMAS RUSTER
Die neue Engelreligion
Lichtgestalten – dunkle Mächte
264 Seiten, ISBN 978-3-7666-1356-1

UTE LEIMGRUBER
Der Teufel
Die Macht des Bösen
206 Seiten, ISBN 978-3-7666-1358-5

KLAUS MÜLLER
Endlich unsterblich
Zwischen Körperkult und Cyberworld
191 Seiten, ISBN 978-3-7666-1479-7

REINER SÖRRIES
Ruhe sanft
Kulturgeschichte des Friedhofs
331 Seiten, ISBN 978-3-7666-1316-5

HERMAN VAN ROMPUY
Christentum und Moderne
Werte für die Zukunft Europas
191 Seiten, ISBN 978-3-7666-1395-0

BENJAMIN IDRIZ / STEPHAN LEIMGRUBER /
STEFAN JAKOB WIMMER (Hgg.)
Islam mit europäischem Gesicht
Perspektiven und Impulse
275 Seiten, ISBN 978-3-7666-1397-4

BUTZON BERCKER
www.religioeses-sachbuch.de
www.bube.de